DR. OETKER

Sommer Party

GRILL & BARBECUE, ITALIENISCHER ABEND, PICKNICK, ALLES FÜR DEN BIERGARTEN...

Dr. Oetker Verlag

Vorwort

Wann wird's mal wieder richtig Sommer?

Und dann ist Sommer und Sie haben nicht die richtigen Rezepte für Ihre Party! Sei's im Garten, auf der Terrasse oder in Balkonien, hier finden Sie die schönsten Rezepte für Ihre Sommerparty. Rezepte für 6–12 Personen, die Sie auch leicht verdoppeln können. Dann sollten Sie sich aber auf jeden Fall einen guten Geist zur Hilfe holen. Denn wenn Sie es allein schaffen wollen, werden Sie nicht viel Zeit für Ihre Gäste haben.

Brunch

Laden Sie doch einmal am späteren Vormittag zu einem Brunch auf dem Balkon oder der Terrasse ein. Diese Kombination aus Frühstück und Mittagessen eignet sich besonders gut für Sommertage, denn so bleibt noch genug Zeit zum Schwimmen oder Radeln am Nachmittag.

Steh-party

Haben sie einen Geburtstag zu feiern oder ein Geschäftsjubiläum? Einige Häppchen, die man mit den Händen essen kann und ein paar gut gekühlte Getränke laden zu einem zwanglosen Beisammensein unter Sonnenschirmen ein.

Picknick

Für die Sommertage, die zu einem schönen Picknick einladen, finden Sie hier die richtigen Rezepte zum Mitnehmen. Sollte die Sonne nicht scheinen, können Sie ihre Decke auch im Wohnzimmer ausbreiten und den Regentropfen zuhören.

Familienessen im Garten

Für ein Familienessen im Garten gibt es zahlreiche Gelegenheiten: Geburtstage, Hochzeitstage oder Verwandtenbesuch aus der Ferne. Und ehe Sie sich versehen, wird über netten Gesprächen die Dämmerung hereinbrechen.

Kinder-party

Hier finden Sie Rezepte für die kleinen und großen Kids. Wenn Sie sie im Sommer einladen und den Garten mit einbeziehen, ist das mit Sicherheit das Schonprogramm für Ihre Wohnung und Ihre Nerven.

Sommerliche Kuchenparty und Eisbuffet

Hier finden Sie den Partyvorschlag für die Süßschnäbel: ein Sommerliches Kuchenbuffet und ein Eisbuffet mit zahlreichen kühlen Köstlichkeiten.

*Bier-*garten

Der Biergarten ist eine gute Gelegenheit, Freunde zu treffen: Wir wärs einmal mit Leberkäsemedaillons mit Mixed Pickles, mit Liptauer, mit einem Salat aus Cocktailwürstchen und Radieschen, mit einer Radispirale und Fladenbrot. Und zu später Stunde denken Sie, schade, dass wir morgen arbeiten müssen.

*Mittsommer-*fest

Feiern Sie wie unsere nordischen Nachbarn doch einmal den längsten Tag des Jahres, mit einer reichen Auswahl an Fischrezepten und einer roten Grütze mit Vanillesauce als Abschluß.

*Grill-*party

Gegrillt wird eigentlich, sobald es warm genug ist. Veranstalten Sie doch mal ein zünftiges Barbecue. Ob nun im Garten oder mit Billigung der Nachbarn auf dem Balkon, die notwendigen Rezepte finden Sie hier. Und wenn Sie eingeladen sind, können Sie die Saucen auch als Geschenk mitnehmen.

60er-Jahre-Fete

Ein warmer, dämmeriger Sommerabend ist genau das Richtige für eine 50er- oder 60er-Jahre-Fete. Mit den richtigen Getränken und der passenden Musik kann doch fast nichts mehr schief gehen.

Seite 188 - 199

Italienischer Abend

Unsere italienischen Nachbarn verstehen zu feiern. Hier finden Sie Rezepte aus der italienischen Abteilung der Sommerkochkunst und wenn Sie dann noch ein paar Lampions aufhängen, steht dem „Dolce vita" nichts mehr im Wege.

Seite 200 - 213

Urlaubs-party

Rund ums Mittelmeer gibt es noch andere Nationen, die zu feiern verstehen. Hier ist die Abteilung mit dem arabischen Einschlag und mit viel Knoblauch. Halten Sie also genug Löschwasser bereit.

Seite 214 - 225

Brunch

Laden Sie doch einmal am späteren Vormittag zu einem Brunch auf dem Balkon oder der Terrasse ein. Diese Kombination aus Frühstück und Mittagessen eignet sich besonders gut für Sommertage, denn so bleibt noch genug Zeit zum Schwimmen oder Radeln am Nachmittag.

Beeren-kruska

Gut vorzubereiten (Foto)
8 Portionen

1 l Milch
1 Zimtstange
1 Prise Salz
abgeriebene Schale von 1 Zitrone (unbehandelt)
100 g gehobelte Haselnusskerne
125 g Haferflocken
3 EL Honig
500 g Joghurt
600 g gemischte Beeren, z. B. Himbeeren, Heidelbeeren, Brombeeren, Johannisbeeren

evtl. Zimt-Zucker

Zubereitungszeit: 30 Minuten, ohne Abkühlzeit

1 Milch mit Zimtstange, Salz, Zitronenschale, Haselnusskernen und Haferflocken in einen Topf geben, zum Kochen bringen, etwa 3 Minuten kochen lassen, zwischendurch umrühren.

2 Mit Honig verrühren, zugedeckt etwas abkühlen lassen.

3 Joghurt unterrühren, evtl. nochmals abschmecken.

4 Gemischte Beeren putzen, waschen, gut abtropfen lassen, vorsichtig mit der Kruska vermengen oder die Beeren in eine Schüssel geben und die Kruska darauf verteilen.

5 Mit einzelnen schönen Beeren verzieren. Nach Belieben mit Zimt-Zucker bestreuen.

Pro Portion:
E: 11 g, F: 16 g, Kh: 34 g
kJ: 1411, kcal: 337

Gemüsestreifen mit Kräuter-Crème-fraîche

Gut vorzubereiten
8 Portionen

3 Stangen Porree (Lauch)
400 g Knollensellerie
500 g Möhren
Salzwasser

Für die Kräuter-Crème-fraîche:
2 Becher (à 150 g) Crème fraîche
2 EL Mayonnaise
1 Becher (150 g) Naturjoghurt
Salz
frisch gemahlener Pfeffer
2 EL gemischte, gehackte Kräuter
200 g Kasseleraufschnitt

Zubereitungszeit: 40 Minuten

1 Porree putzen, halbieren, gut waschen, in 6 cm lange Stücke, dann in dünne Streifen schneiden. Sellerie putzen, schälen, waschen, erst in Scheiben, dann in Streifen schneiden. Möhren putzen, schälen, waschen, in dünne Streifen schneiden.

2 Möhren- und Selleriestreifen in Salzwasser 2–3 Minuten, Porree nur 1/2–1 Minute blanchieren, kurz in kaltes Wasser tauchen und zum Abtropfen in ein Sieb geben. Gemüse getrennt in kleine, verschließbare Dosen füllen.

3 Für die Kräuter-Crème-Fraîche Crème fraîche mit Mayonnaise und Joghurt verrühren, mit Salz und Pfeffer

(Fortsetzung Seite 14)

abschmecken. Kräuter unterrühren. Kasseleraufschnitt in kleine Würfel schneiden und unter die Sauce geben.

4 Die Sauce in ein verschließbares Gefäß füllen. Beim Picknick kann jeder das Gemüse mit dem Dip verzehren.

Pro Portion: *E: 10 g, F: 18 g, Kh: 11 g, kJ: 1056, kcal: 252*

Tipp:
Es können natürlich auch andere Gemüsesorten nach Ihrer Wahl genommen werden, z. B. Kohlrabi, Brokkoli, Gurken, Radieschen oder auch gegarte Kartoffeln.

Brioches

Dauert länger
etwa 8 Stück

Für den Vorteig:
100 g Weizenmehl (Type 550)
50 g frische Hefe
1 gestr. TL Zucker
6 EL lauwarmes Wasser

Für den Teig:
400 g Weizenmehl (Type 550)
50 g Puderzucker
10 g Salz
400 g weiche Butter
6 Eier (Größe M)

Semmelbrösel zum Ausstreuen

Zubereitungszeit: 70 Minuten, ohne Teiggehzeit

1 Für den Vorteig Mehl in eine Schüssel sieben. Hefe mit Zucker und lauwarmem Wasser verrühren, bis sich die Hefe aufgelöst hat, zu dem Mehl geben, gut verrühren, evtl. noch etwas Wasser hinzugeben, zugedeckt an einem warmen Ort so lange stehen lassen, bis der Vorteig sich sichtbar vergrößert hat.

2 Für den Teig Mehl mit Puderzucker in eine Schüssel sieben, mit Salz vermengen.

3 Butter mit Handrührgerät mit Rührbesen cremig rühren, nach und nach Eier unterrühren, mit dem Mehlgemisch vermengen, den gegangenen Vorteig hinzufügen und alles mit Handrührgerät mit Knethaken zuerst auf niedrigster, dann auf höchster Stufe in etwa 5 Minuten zu einem Teig verarbeiten.

4 In einer Schüssel zugedeckt gehen lassen, bis der Teig sich sichtbar vergrößert hat. Nochmals kurz durchkneten.

5 Kleine Brioche-Förmchen (Ø etwa 8 cm) mit Semmelbröseln ausstreuen.

6 Den Teig auf die Formen verteilen, etwas Teig übrig lassen, zu kleinen Kugeln formen und diese auf den Teig setzen. Den Teig nochmals so lange an einem warmen Ort stehen lassen, bis er sich sichtbar vergrößert hat.

7 Die Formen auf dem Rost in den Backofen schieben.

Ober-/Unterhitze:
etwa 200 °C (vorgeheizt)
Heißluft: etwa 180 °C
(nicht vorgeheizt)
Gas: Stufe 3–4 (vorgeheizt)
Backzeit: etwa 20 Minuten.

Pro Stück:
E: 14 g, F: 47 g, Kh: 53 g
kJ: 3000, kcal: 717

Tipp:
Brioches sollten möglichst frisch verzehrt werden.

Frühlingsbrötchen

Für Gäste
6 Portionen

Für den Hefeteig:
375 g Weizenmehl (Type 550)
1 Pck. Trockenhefe
1–2 TL Salz
1 TL Zucker
150 g Magerjoghurt
125 ml (1/8 l) lauwarme Milch

Kondensmilch, Sesamsamen

Für den Frühlingsquark:
500 g Magerquark
etwas Milch
1 fein gewürfelte Zwiebel
2 EL fein gehackte Kräuter,
z. B. Petersilie, Schnittlauch
Salz, Pfeffer
Paprikapulver edelsüß

Zum Bestreuen und Garnieren:
rote und gelbe Paprikawürfel
Schnittlauch

Zubereitungszeit: 60 Minuten, ohne Teiggehzeit

1 Für den Teig das Mehl in eine Rührschüssel sieben, mit der Hefe sorgfältig vermischen. Die restlichen Zutaten hinzufügen, mit dem Handrührgerät mit Knethaken zunächst auf niedrigster, dann auf höchster Stufe in etwa 5 Minuten zu einem Teig verarbeiten. Den Teig zugedeckt so lange an einem warmen Ort stehen lassen, bis er sich sichtbar vergrößert hat.

2 Teig leicht mit Mehl bestäuben, auf der Arbeitsfläche nochmals kurz durchkneten. 4 längliche, flache Brötchen formen, auf ein mit Backpapier belegtes Backblech legen, mehrmals diagonal 1 cm tief einschneiden, nochmals gehen lassen. Mit Kondensmilch bestreichen, mit Sesam bestreuen und in den Backofen schieben.

Ober-/Unterhitze:
etwa 200 °C (vorgeheizt)
Heißluft: etwa 180 °C (vorgeheizt)
Gas: Stufe 3–4 (vorgeheizt)
Backzeit: etwa 15 Minuten.

3 Die Brötchen erkalten lassen, quer durchschneiden.

4 Für den Frühlingsquark den Quark mit der Milch, der Zwiebel und den Kräutern verrühren, mit den Gewürzen abschmecken. Die Gebäckhälften damit füllen, auf einer Platte anrichten, nach Belieben mit den Paprikawürfeln bestreuen, mit Schnittlauch garnieren.

Pro Portion:
E: 20 g, F: 3 g, Kh: 54 g
kJ: 1458, kcal: 348

Mariniertes Kräuterfleisch

Gut vorzubereiten
10 Portionen

600 g Schweinefilet
600 g Roastbeef
Salz
frisch gemahlener Pfeffer
6 EL Speiseöl

Für die Marinade:
6 EL Speiseöl
4 EL Rotweinessig
2 TL Dijon-Senf
3 TL rosa Pfeffer
2 EL gehackte Petersilie
2 EL gehackter Dill
2 EL gehackter Kerbel
2 EL fein geschnittener Schnittlauch
Rotweinessig

Zum Garnieren:
Kräutersträußchen

Zubereitungszeit: 40 Minuten, ohne Durchziehzeit

1 Schweinefilet unter fließendem kalten Wasser abspülen, trockentupfen, evtl. enthäuten. Roastbeef unter fließendem kalten Wasser abspülen, trockentupfen, evtl. entfetten.

2 Beide Fleischsorten mit Salz und Pfeffer würzen. Speiseöl erhitzen, das Fleisch von allen Seiten darin anbraten, mit etwas Wasser ablöschen. Den Bräter auf dem Rost in den Backofen schieben.

Ober-/Unterhitze:
200–220 °C (vorgeheizt)
Heißluft: 180–200 °C (vorgeheizt)
Gas: etwa Stufe 4 (vorgeheizt)
Bratzeit: Schweinefilet etwa 10 Minuten, Roastbeef etwa 25 Minuten.

3 Fleisch in ½ cm dicke Scheiben schneiden (evtl. mit der Aufschnittmaschine), mit dem Bratensatz in eine Schüssel geben, mit Salz und Pfeffer bestreuen.

4 Für die Marinade Speiseöl mit Rotweinessig, Dijon-Senf und rosa Pfeffer verrühren, mit Salz und Pfeffer würzen. Petersilie, Dill, Kerbel und Schnittlauch hinzufügen. Die Marinade mit dem Fleisch vermengen, gut durchziehen lassen, ab und zu wenden.

5 Das Kräuterfleisch evtl. nochmals mit Salz, Pfeffer und Rotweinessig abschmecken, mit der Marinade auf einer Platte anrichten, mit Kräutersträußchen garnieren.

Pro Portion:
E: 27 g, F: 19 g, Kh: 1 g
kJ: 1193, kcal: 285

Beigabe:
Stangenweißbrot, Salat.

Tipp:

Das Fleisch kann auch über Nacht mariniert werden. Statt der frischen Kräuter können Sie auch 2 Päckchen (je 25 g) TK-Kräuter verwenden.

Shrimpscocktail »Tiffany«

Einfach (Foto)
10 Portionen

800 g TK-Shrimps
400 g gegarter Spargel
2 Fleischtomaten

Für die Salatsauce:
2 EL Tomatenketchup
3 EL Crème fraîche
3 EL Joghurt, 2 EL Mayonnaise
2–3 EL Weinbrand
Salz, Pfeffer, ½ TL Paprika edelsüß, 1–2 TL Worcestersauce

Zum Garnieren:
20 Blätter gemischter Salat, z. B. Lollo rosso, Endivien- oder Kopfsalat, 10 Dillzweige

Zubereitungszeit: 35 Minuten, ohne Auftauzeit

1 Shrimps auftauen lassen, evtl. kurz abspülen, gut trockentupfen. Spargel in etwa 3 cm lange Stücke schneiden. Tomaten kurze Zeit in kochendes Wasser legen (nicht kochen lassen), in kaltem Wasser abschrecken, enthäuten, die Stängelansätze herausschneiden, die Tomaten entkernen und in Würfel schneiden.

2 Für die Salatsauce Tomatenketchup mit Crème fraîche, Joghurt, Mayonnaise und Weinbrand verrühren, mit Salz, Pfeffer, Paprika und Worcestersauce würzen, abschmecken.

3 Shrimps, Spargel und Tomatenwürfel mischen, mit Salz und Pfeffer würzen.

4 10 Cocktailgläser oder Sektschalen mit je 2 Salatblättern auslegen. Die Salatzutaten hineinfüllen. Die Cocktailsauce darüber verteilen, mit Dillzweigen garnieren.

Pro Portion:
E: 18 g, F: 4 g, Kh: 6 g
kJ: 637, kcal: 152

Beigabe: Toast.

Gurkensuppe mit Pfefferkäse

Schnell
6 Portionen

2 mittelgroße Salatgurken (etwa 1,5 kg)
1 Bund Dill, 4 Knoblauchzehen
200 g Pfefferkäse
250 ml (¼ l) Schlagsahne
Salz, Dillzweige

Zubereitungszeit: 25 Minuten

1 Gurken schälen, halbieren, entkernen und in Stücke schneiden. Dill abspülen, trockentupfen und fein schneiden.

2 Knoblauch abziehen und vierteln. Käse in Stücke schneiden.

3 Gurken, Knoblauch und Käse portionsweise mit Sahne pürieren und mit Salz abschmecken, Dill unterrühren. Suppe mit abgespülten, trockengetupften Dillzweigen garniert servieren.

Pro Portion:
E: 12 g, F: 23 g, Kh: 6 g
kJ: 1223, kcal: 291

Pikanter Drei-Schichten-Käse

Gut vorzubereiten
10–12 Portionen

Für die weiße Schicht:
2 Blatt weiße Gelatine
200 g Speisequark
200 g Doppelrahm-Frischkäse
1 TL Meerrettich
Salz
frisch gemahlener Pfeffer

Für die gelbe Schicht:
3 Blatt weiße Gelatine
200 g reifer Camembert
125 ml (⅛ l) Schlagsahne
1 kleine, gelbe Paprikaschote
½ TL Currypulver
1 Prise Safran

Für die orangefarbene Schicht:
3 Blatt weiße Gelatine
200 g Weichkäse,
z. B. Castello weiß
150 g Crème fraîche
2–3 TL Tomatenmark
1 TL Paprika edelsüß
1 Tomate

Zum Garnieren:
Tomatenachtel
Dillzweige

Zubereitungszeit: 90 Minuten, ohne Kühlzeit

1 Für die weiße Schicht Gelatine nach Packungsanleitung einweichen, ausdrücken und auflösen. Speisequark mit Doppelrahm-Frischkäse cremig rühren oder pürieren, mit Meerrettich vermengen, mit Salz und Pfeffer abschmecken, aufgelöste Gelatine langsam unterrühren.

2 Für die gelbe Schicht Gelatine nach Packungsanleitung einweichen. Die Rinde vom Camembert abschneiden, Käse zerdrücken, mit Schlagsahne pürieren. Paprikaschote halbieren, entstielen, entkernen, die weißen Scheidewände entfernen, die Schote waschen, in Würfel schneiden, pürieren, zur Käsecreme geben. Gelatine ausdrücken, auflösen, langsam unter die Käsecreme rühren, mit Curry, Safran, Salz und Pfeffer abschmecken.

3 Für die orangefarbene Schicht Gelatine nach Packungsanleitung einweichen. Käse mit Crème fraîche pürieren. Gelatine ausdrücken, auflösen und unterrühren. Mit Tomatenmark, Paprika, Salz und Pfeffer abschmecken. Tomate kurze Zeit in kochendes Wasser geben (nicht kochen lassen), enthäuten, halbieren, die Stängelansätze herausschneiden, Tomate entkernen, in Würfel schneiden. Tomatenwürfel mit der Käsecreme vermengen.

4 Erst die weiße Schicht in eine mit Klarsichtfolie ausgelegte Kastenform (25 x 11 cm) füllen, glatt streichen, etwas fest werden lassen, dann die anderen beiden Schichten nacheinander einfüllen, jeweils glatt streichen und etwas fest werden lassen. Den Käse kalt stellen.

5 Zum Servieren den Käse aus der Form nehmen, mit einem elektrischen Messer in Scheiben schneiden, mit Tomatenachteln und Dillzweigen garnieren.

Pro Portion:
E: 14 g, F: 23 g, Kh: 8 g
kJ: 1196, kcal: 286

Salat von Champignons, Zuckerschoten & Lachs

Einfach (Foto)
8 Portionen

250 g rohe Champignons
250 g Zuckerschoten
300 g Räucherlachs
1 Becher (150 g) Crème fraîche
Saft von 1 Zitrone
Salz, frisch gemahlener Pfeffer

Zum Garnieren:
1 Bund Kerbel
1 TL rosa Pfefferbeeren

Zubereitungszeit: 40 Minuten

1 Champignons putzen, evtl. kurz waschen, trockentupfen oder abziehen. Champignons blättrig schneiden.

2 Zuckerschoten putzen, Enden abschneiden, evtl. halbieren. Anschließend in kochendes Salzwasser geben, zum Kochen bringen. 1 Minute kochen lassen, in ein Sieb abgießen. Zuckerschoten in kaltes Wasser tauchen (damit sie ihre Farbe behalten), zum Abtropfen in ein Sieb legen und halbieren. Räucherlachs würfeln.

3 Crème fraîche mit Zitronensaft, Salz und Pfeffer würzen und als Spiegel auf den Tellern verteilen. Restliche Salatzutaten darauf anrichten und mit Kerbelblättchen und rosa Pfeffer garnieren.

Pro Portion: *E: 10 g, F: 11 g, Kh: 5 g, kJ: 657, kcal: 157*

Spargel venezianisch

Klassisch
8 Portionen

1,5 kg weißer Spargel
1,5 kg grüner Spargel
Salzwasser, Zucker
etwas Butter, 1 EL Olivenöl
8 Eier (Größe M)
frisch gemahlener Pfeffer
grobes Meersalz
250 ml (¼ l) Olivenöl
8 EL Rotweinessig nach Belieben

Zubereitungszeit: 60 Minuten

1 Weißen Spargel von oben nach unten schälen, beim grünen Spargel nur das untere Drittel schälen, die unteren Enden abschneiden (holzige Stellen wegschneiden). Spargel abspülen, in Stücke schneiden und in Salzwasser knapp gar kochen. Weißen Spargel 10–12 Minuten, grünen Spargel 8–10 Minuten kochen.

2 Die Eier wachsweich kochen (etwa 4 Minuten).

3 Den Spargel auf einer vorgewärmten Platte anrichten. Die Eier pellen, grob hacken, sofort auf dem Spargel verteilen, mit Salz und Pfeffer bestreuen.

4 Olivenöl darüber geben. Nach Belieben mit Rotweinessig würzen.

Pro Portion: *E: 23 g, F: 76 g, Kh: 8 g, kJ: 3562, kcal: 850*

Stehparty

Haben sie einen Geburtstag zu feiern oder ein Geschäftsjubiläum?

Einige Häppchen, die man mit den Händen essen kann und ein paar gut gekühlte Getränke laden zu einem zwanglosen Beisammensein unter Sonnenschirmen ein.

Grissini

Gut vorzubereiten
etwa 50 Stück

Für den Hefeteig:
1 Würfel (42 g) frische Hefe
250 ml (¼ l) lauwarmes Wasser
500 g Weizenmehl
(Type 405 oder 550)
40 g Butter oder Margarine
1 TL Salz

Zum Bestreichen:
1 Eigelb (Größe M)
1 EL Milch

Zubereitungszeit: 70 Minuten, ohne Teiggehzeit

1 Für den Teig die Hefe zerbröckeln und in dem Wasser auflösen. Mehl in eine Rührschüssel sieben. Butter oder Margarine, Salz und die aufgelöste Hefe zugeben.

2 Die Zutaten mit Handrührgerät mit Knethaken zu einem glatten Teig verarbeiten. Den Teig zugedeckt an einem warmen Ort stehen lassen, bis er sich sichtbar vergrößert hat.

3 Teig mit Mehl bestäuben, aus der Schüssel nehmen, auf der Arbeitsfläche nochmals kurz durchkneten.

4 Den Teig in kleine Stücke teilen und zu etwa 20 cm langen, dünnen Rollen formen. Die Teigröllchen auf ein mit Backpapier belegtes Backblech legen, nochmals etwa 10 Minuten gehen lassen.

5 Zum Bestreichen Eigelb mit Milch verquirlen, die Teigstangen damit bestreichen. Das Backblech in den Backofen schieben.

Ober-/Unterhitze:
etwa 200 °C (vorgeheizt)
Heißluft: etwa 180 °C
(vorgeheizt)
Gas: Stufe 3–4 (vorgeheizt)
Backzeit: 12–15 Minuten.

6 Nach dem Backen die Grissini vom Backblech nehmen und auf einem Kuchengitter auskühlen lassen.

Pro Stück:
E: 1 g, F: 1 g, Kh: 7 g
kJ: 186, kcal: 44

Tipp:

Grissini ist eine italienische Brotspezialität, die als kleiner Snack mit hauchdünnen Scheiben Parmaschinken umwickelt angeboten wird. Grissini vor dem Backen mit Sesam, Mohn, grobem Salz oder Kümmel bestreuen. Grissini können nach dem Backen auch eingefroren werden. Die Grissini dann nur hellgelb vorbacken und nach dem Auftauen 5 Minuten (bei Ober-/Unterhitze etwa 180°C, Heißluft etwa 160°C, Gas Stufe 2-3) aufbacken.

Mini-Gemüse mit Käsecremes gefüllt

Raffiniert (Foto)
8 Portionen

16 Kirschtomaten
4 Mini-Zucchinis
2 Avocados
½ Zitrone
1 kleiner Staudensellerie
400 g Frischkäse
Salz
frisch gemahlener Pfeffer
Paprikapulver
1 Bund Petersilie
1 Bund Dill

Zubereitungszeit: 40 Minuten

1 Tomaten waschen, einen Deckel abschneiden und die Tomaten mit einem kleinen Löffel aushöhlen.

2 Zucchinis längs halbieren, ebenfalls aushöhlen und etwa 1 Minute blanchieren. Anschließend in Eiswasser abschrecken.

3 Avocados schälen, halbieren, ensteinen, vierteln und mit Zitronensaft beträufeln, damit sie nicht braun werden.

4 Staudensellerie putzen und in Stangen zerlegen, waschen und in mundgerechte Stücke schneiden.

5 Frischkäse in zwei Hälften teilen. Die eine mit Salz, Pfeffer und Paprika, die andere mit gehackten Kräutern, Salz und Pfeffer verrühren. Beide Käsemassen in getrennte Spritzbeutel geben und die vorbereiteten Gemüse damit füllen. Anschließend mit Paprikapulver und Kräutern garnieren.

Pro Portion: *E: 8 g, F: 17 g, Kh: 6 g, kJ: 905, kcal: 217*

Tipp:
Wenn keine Mini-Gemüse vorrätig sind, auf normale Größen zurückgreifen und in passende Stücke zerteilen.

Griechische Käsecreme

Schnell
8 Portionen

250 g Schafskäse
3 Zwiebeln
250 g weiche Butter
4 abgezogene Knoblauchzehen
frisch gemahlener Pfeffer

Zubereitungszeit: 25 Minuten, ohne Kühlzeit

1 Schafskäse mit einer Gabel zerdrücken.

2 Zwiebeln abziehen, würfeln. Butter, durchgepressten Knoblauch und Käse mit dem Pürierstab pürieren.

3 Creme mit Pfeffer abschmecken, Zwiebelwürfel unterheben, kalt stellen.

Pro Portion:
E: 6 g, F: 32 g, Kh: 2 g
kJ: 1379, kcal: 330

Beigabe:
Weißbrot oder Pita-Brot.

Tipp:
Geröstete Sesamsamen oder gehackte, glatte Petersilie unterheben.

Eier Benedikt mit Sonnenblumenkernen

Raffiniert (Foto unten)
8 Portionen

Für die Sauce Hollandaise:
3 Eigelb (Größe M)
8 EL Weißwein
125 g flüssige Butter
etwas Zitronensaft
Cayennepfeffer, Salz

Für die Toasts:
6–8 Scheiben gekochter Schinken
3 EL USA-Sonnenblumenkerne
1 l Wasser
3 EL Essig
8 Eier (Größe M)
8 Blatt Romanasalat
Kresse zum Garnieren
8 Scheiben Toastbrot

Zubereitungszeit: 25 Minuten

1 Für die Sauce Eigelb mit Weißwein in eine Schüssel geben. Die Schüssel in ein warmes Wasserbad stellen und die Masse mit Handrührgerät mit Rührbesen so lange aufschlagen, bis eine Creme entstanden ist. Unter ständigem Rühren nach und nach die Butter hinzufügen. Mit Zitronensaft, Cayennepfeffer und Salz abschmecken.

2 Für die Toasts Schinken in Streifen schneiden. Sonnenblumenkerne in eine Pfanne ohne Fett geben und leicht anrösten.

3 In einem Topf Wasser zum Kochen bringen, Essig hinzugießen. Die Eier einzeln in einer Kelle aufschlagen, so dass das Eigelb nicht zerläuft. Vorsichtig in das schwach kochende Wasser geben. 3–4 Minuten bei kleiner Hitze ziehen lassen. Die Eier mit einem Schaumlöffel herausnehmen, kurz in kaltes Wasser halten und abtropfen lassen.

4 Salatblätter und Kresse mit kaltem Wasser abspülen und trockentupfen.

5 Zum Schluss die Toastscheiben toasten und nacheinander mit dem Salat, dem Schinken und den Eiern belegen. Die Sauce Hollandaise darauf verteilen. Vor dem Servieren mit Kresse und den gerösteten Sonnenblumenkernen anrichten.

Pro Portion: *E: 19 g, F: 29 g, Kh: 23 g, kJ: 1922, kcal: 459*

Eier Florentine

Einfach (Foto oben)
8 Portionen

750 g Blattspinat
1 Schalotte
6 EL USA-Sonnenblumenkerne
etwas Butter zum Dünsten
Salz
frisch gemahlener Pfeffer
8 Eier (Größe M)
200 g Blauschimmelkäse, z. B. Danablue
4 Scheiben Vollkorntoast

Zubereitungszeit: 40 Minuten

1 Spinat verlesen, evtl. Enden abschneiden, gut waschen, in ein Sieb geben. Schalotte abziehen, in kleine Würfel schneiden. Zusammen mit 3 Esslöffeln Sonnenblumenkernen in der zerlassenen Butter andünsten, Spinat hinzufügen, mit Salz und Pfeffer würzen, den Deckel auflegen und etwa

(Fortsetzung Seite 34)

4 Minuten dünsten, bis der Spinat zusammenfällt. In 8 Portionsförmchen verteilen oder in eine flache Auflaufform geben.

2 In die Mitte jedes Portionsförmchens ein rohes Ei setzen. Mit Salz und Pfeffer würzen und anschließend mit dem Käse und den restlichen Sonnenblumenkernen bestreuen.

3 Die Förmchen oder die Form auf den Rost in den Backofen stellen.

Ober-/Unterhitze:
etwa 200 °C (vorgeheizt)
Heißluft: etwa 180 °C (vorgeheizt)
Gas: Stufe 3–4 (vorgeheizt)
Backzeit: etwa 10 Minuten, bis die Eier gestockt sind.

4 Den Vollkorntoast toasten und dazu servieren.

Pro Portion: *E: 20 g, F: 20 g, Kh: 13 g, kJ: 1399, kcal: 334*

Tipp:

Statt frischem Blattspinat können auch 2 Päckchen TK-Spinat verwendet werden. Diese nach Packungsanleitung zubereiten.

Mini-Burger »Madras Style«

Einfach
6–8 Portionen

600 g Hackfleisch (halb Rind-, halb Schweinefleisch)
Salz, Pfeffer

Für die Sauce:
1 Zwiebel
1 Banane
4 El Speiseöl oder Butter
1 TL Currypulver
200 ml Schlagsahne
etwas Ananassaft

12 kleine Hamburger Brötchen
6 kleine Scheiben Ananas (aus der Dose)

Zubereitungszeit : 30 Minuten, ohne Aufbackzeit

1 Hackfleisch in eine Schüssel geben, mit Salz und Pfeffer würzen, gut verkneten und 12 kleine Frikadellen daraus formen (das geht am besten mit nassen Händen).

2 Für die Sauce Zwiebel und Banane abziehen, in Würfel schneiden. 2 Esslöffel Öl oder Butter in einem kleinen Topf erhitzen, Zwiebel- und Bananenwürfel darin andünsten, mit Currypulver bestäuben, mit Sahne und Ananassaft 10 Minuten unter gelegentlichem Umrühren kochen lassen.

3 Hamburger Brötchen halbieren und im Backofen bei etwa 100 °C erwärmen.

4 Die Frikadellen und Ananasscheiben in dem restlichen Öl braten.

5 Das gebratene Fleisch auf die unteren Brötchenhälften legen, mit je einer halben Ananasscheibe garnieren, etwas Currysauce darüber geben und mit der zweiten Brötchenhälfte bedecken.

6 Die restliche Currysauce extra reichen.

Pro Portion: *E: 23 g, F: 37 g, Kh: 46 g, kJ: 2694, kcal: 643*

Oliven mit Speck-Käse-Mantel

Raffiniert (Foto links)
24 Stück

24 große, grüne Oliven
24 geschälte Mandeln
12 dünne Scheiben milder Schinkenspeck oder Bacon (Frühstücksspeck)
8 dünne Scheiben holländischer Edamer
1 TL gerebelter Thymian
8 Kopfsalatblätter

Zubereitungszeit: 35 Minuten

1 Oliven abspülen, abtropfen lassen und mit einem Kirschentkerner entsteinen. Jede Olive mit einer Mandel füllen.

2 Speckscheiben längs halbieren und nebeneinander auf die Arbeitsfläche legen. Die Käsescheiben längs in Drittel schneiden und auf den Speck legen. Den Käse mit etwas Thymian bestreuen. Die Oliven darin einwickeln.

3 Den Backofenrost mit Alufolie überziehen und die Oliven mit der offenen Speckseite nach unten darauf legen. Den Rost in den Backofen schieben.

Ober-/Unterhitze: 220–240 °C (vorgeheizt)
Heißluft: 200–220 °C (vorgeheizt)
Gas: etwa Stufe 5 (vorgeheizt)
Bratzeit: etwa 6 Minuten.

4 Salatblätter abspülen, trockentupfen und eine Servierplatte damit auskleiden. Die Oliven darauf anrichten und sofort servieren.

Pro Stück:
E: 5 g, F: 18 g, Kh: 1 g
kJ: 827, kcal: 198

Tipp:
Die Oliven können auch etwa 6 Minuten unter dem Grill knusprig gebraten werden.

Käse- und Oliven-Canapés

Für Gäste (Foto rechts)
24 Stück

300 g Doppelrahm-Frischkäse
4 EL Schlagsahne
30 g weiche Butter
1 TL Paprikapulver edelsüß
Salz, Pfeffer
12 Cracker
12 Pumpernickeltaler
24 gefüllte Oliven mit Mandeln und Paprika
1 EL Schnittlauchröllchen

Zubereitungszeit: 30 Minuten

1 Frischkäse mit Sahne, Butter, Paprika, Salz und Pfeffer zu einer cremigen Masse verrühren.

2 Die Käsecreme in einen Spritzbeutel mit Sterntülle füllen und auf Cracker und Pumpernickeltaler Rosetten spritzen.

3 Die Cracker und Pumpernickeltaler mit Oliven und Schnittlauchröllchen garnieren, mit je einem Stick versehen und anrichten.

Pro Stück:
E: 3 g, F: 7 g, Kh: 8 g
kJ: 451, kcal: 108

Pikante Brandteigtörtchen

Raffiniert
20 Stück

Für den Brandteig:
250 ml (¼ l) Wasser
50 g Butter oder Margarine
150 g Weizenmehl
30 g Speisestärke
Salz, frisch gemahlener Pfeffer
Paprikapulver edelsüß
4–6 Eier (Größe M)
1 Msp. Backpulver

20 g Sesamsamen

Für den Quark:
4 Frühlingszwiebeln
2 rote Zwiebeln
1 kg Speisequark
6 EL Schnittlauchröllchen
6 EL gehackte Petersilie
4 EL Tomaten-Ketchup
2 EL Tomatenmark
2 TL Senf
Salz, frisch gemahlener Pfeffer

Zum Garnieren:
Schnittlauch
Paprikapulver edelsüß
Cocktailtomaten

Zubereitungszeit: 55 Minuten

1 Für den Teig Wasser mit der Butter oder Margarine am besten in einem Stieltopf zum Kochen bringen. Mehl mit Speisestärke mischen, sieben und mit den Gewürzen mischen. Auf einmal in die von der Kochstelle genommene Flüssigkeit schütten, zu einem glatten Kloß rühren und unter Rühren etwa 1 Minute erhitzen.

2 Den heißen Kloß sofort in eine Schüssel geben. Nach und nach Eier mit Handrührgerät mit Knethaken auf höchster Stufe unterarbeiten. Die Eiermenge hängt von der Beschaffenheit des Teiges ab, er muss stark glänzen und so von einem Löffel abreißen, dass lange Spitzen hängen bleiben.

3 Backpulver in den erkalteten Teig arbeiten. Den Teig in einen Spritzbeutel ohne Tülle geben. Auf gefettete, gemehlte Backbleche je 8 Ringe (Ø 6–8 cm) spritzen (nicht zu dicht nebeneinander). Ringe mit Sesam bestreuen. Die Backbleche nacheinander (bei Heißluft zusammen) in den Backofen schieben.

Ober-/Unterhitze:
200–220 °C (vorgeheizt)
Heißluft: 180–200 °C
(nicht vorgeheizt)
Gas: etwa Stufe 4 (vorgeheizt)
Backzeit: 25–30 Minuten.

4 Die Platten lösen und auf einem Kuchenrost erkalten lassen.

5 Für den Quark Frühlingszwiebeln putzen, waschen und in feine Streifen schneiden. Zwiebeln abziehen und fein würfeln. Beide Zutaten mit Quark, Schnittlauchröllchen und Petersilie verrühren.

6 Mit Tomaten-Ketchup, Tomatenmark und Senf verrühren und mit Salz, Pfeffer und Paprika abschmecken.

7 Die Hälfte der Brandteigplatten mit der Quarkmasse bestreichen. Die übrigen Platten in Stücke brechen und auf der Quarkmasse verteilen. Die Törtchen mit Schnittlauch, Paprika und Cocktailtomaten garnieren.

Pro Stück:
E: 9 g, F: 10 g, Kh: 10 g
kJ: 738, kcal: 176

Tipp:

Brandteigplatten vorher backen und bei 200 °C (Heißluft: etwa 180 °C, Gas: etwa Stufe 3) etwa 3 Minuten aufbacken.

Picknick

Für die Sommertage, die zu einem schönen Picknick einladen, finden Sie hier die richtigen Rezepte zum Mitnehmen. Sollte die Sonne nicht scheinen, können Sie ihre Decke auch im Wohnzimmer ausbreiten und den Regentropfen zuhören.

Gefüllte Pitabrote

Klassisch
8 Portionen

Für die Schafskäsefüllung:
400 g milder Schafskäse
12 Blätter Lollo rosso oder Eisbergsalat
1 Gemüsezwiebel
6 mittelgroße Tomaten
1 kleine Salatgurke (etwa 600 g)
6 Pitabrote (je 100 g)
Salz, frisch gemahlener Pfeffer
gerebelter Oregano

Für die Hähnchenfleischfüllung:
600 g Hähnchenbrustfilet
5 EL Sojasauce
frisch gemahlener Pfeffer
Paprikapulver edelsüß
3 EL Speiseöl
2 mittelgroße, rote Paprikaschoten
3 rote Zwiebeln
6 Salatblätter
6 Pitabrote (je 100 g)
120 g küchenfertige Sojasprossen

Für die Joghurtsauce:
500 g griechischer Joghurt oder Naturjoghurt
4 EL Olivenöl
4 Knoblauchzehen

Zubereitungszeit: 60 Minuten, ohne Marinierzeit

1 Für die Schafskäsefüllung den Käse in Scheiben schneiden. Salatblätter waschen und trockentupfen. Gemüsezwiebel abziehen und in dünne Ringe oder Streifen schneiden. Tomaten waschen, halbieren, die Stängelansätze herausschneiden, Tomaten in dünne Scheiben schneiden. Gurke waschen, nach Belieben schälen und in Scheiben schneiden.

2 In die Pitabrote eine Tasche einschneiden, so dass sie am längeren Ende noch zusammenhalten. Die Brote auf ein Backblech oder einen Rost legen und aufbacken.

Ober-/Unterhitze: etwa 180 °C (vorgeheizt)
Heißluft: etwa 160 °C (vorgeheizt)
Gas: Stufe 2–3 (vorgeheizt)
Aufbackzeit: 6–8 Minuten.

3 Zuerst die Salatblätter auf die Brote verteilen, dann Gemüsezwiebel, Tomaten- und Gurkenscheiben hineinfüllen. Zuletzt mit Schafskäsescheiben belegen und mit Salz, Pfeffer und Oregano würzen.

4 Für die Hähnchenfleischfüllung das Fleisch kalt abspülen, trockentupfen und in breite Streifen schneiden. Mit Sojasauce, Pfeffer und Paprika mischen und etwa 60 Minuten marinieren.

5 Das Fleisch aus der Marinade nehmen, gut trockentupfen und in erhitztem Öl anbraten.

6 Paprikaschoten halbieren, entstielen, entkernen, die weißen Scheidewände entfernen, Schoten waschen und in Streifen schneiden. Zwiebeln abziehen und in feine Ringe schneiden. Salatblätter waschen und trockentupfen.

7 Pitabrote wie unter Punkt 2 beschrieben aufbacken. Die Brote erst mit Salatblättern, dann mit Paprika- und Zwiebelringen und zum Schluss mit Fleisch und Sojasprossen füllen.

8 Für die Sauce Joghurt mit Öl und abgezogenen, zerdrückten Knoblauchzehen verrühren, mit Salz und Pfeffer abschmecken. Die Sauce auf die gefüllten Pitabrote verteilen. Die Pitabrote in Frischhaltefolie einwickeln oder in eine verschließbare Dose legen.

Pro Portion: *E: 45 g, F: 27 g, Kh: 71 g, kJ: 3104, kcal: 741*

Kartoffel-Matjes-Salat mit Nüssen

Gut vorzubereiten (Foto)
8 Portionen

800 g kleine, fest kochende Kartoffeln
1 Bund Frühlingszwiebeln
1 Bund Schnittlauch
125 ml (⅛ l) Gemüsebrühe
4 EL Essig
6 EL Speiseöl
Salz
frisch gemahlener Pfeffer
16 Matjesfilets
100 g Walnusskerne

Zubereitungszeit: 60 Minuten, ohne Durchziehzeit

1 Kartoffeln waschen, in Salzwasser etwa 20 Minuten kochen, abgießen, etwas abkühlen lassen, pellen und in Scheiben schneiden.

2 Frühlingszwiebeln putzen, Wurzelenden abschneiden, gut waschen, trockentupfen, in Ringe schneiden. Schnittlauch waschen, trockentupfen, in Röllchen schneiden.

3 Brühe mit Essig, Öl, Salz und Pfeffer aufkochen und anschließend über die Kartoffelscheiben gießen.

4 Matjesfilets in Stücke schneiden, dabei evtl. Gräten entfernen. Walnusskerne grob zerkleinern.

5 Alle Zutaten mischen und etwas durchziehen lassen. In ein verschließbares Gefäß geben.

Pro Portion: *E: 11 g, F: 26 g, Kh: 18 g, kJ: 1537, kcal: 367*

Tipp:

Es kann zusätzlich etwas Joghurt unter den Salat gegeben werden.

Marinierter Schafskäse

Für Gäste – gut vorzubereiten
8–10 Portionen

8 Knoblauchzehen
4 kleine Zwiebeln
4 frische, rote Chilischoten
1 kg Schafskäse
2 Zweige Thymian
2 Zweige Rosmarin
2 Lorbeerblätter
2 TL schwarze Pfefferkörner
etwa 1 l Olivenöl

Zubereitungszeit: 25 Minuten, ohne Durchziehzeit

1 Knoblauch und Zwiebeln abziehen, in Scheiben schneiden. Chilischoten längs aufschneiden, entkernen und waschen.

2 Schafskäse in Würfel schneiden. Kräuter abspülen und trockentupfen.

3 Alle Zutaten mit Lorbeerblättern und Pfefferkörnern in ein Glas schichten. Öl darüber gießen und mindestens 3 Tage durchziehen lassen.

Insgesamt:
E: 20 g, F: 56 g, Kh: 5 g
kJ: 2617, kcal: 625

Tipp:

Auf frischen Weinblättern anrichten. Dazu Fladenbrot oder Baguette reichen.
Statt Schafskäse kann auch Harzer Roller, Ziegenkäse oder Camembert eingelegt werden. Die Marinade als Salatsauce oder zum Einlegen von Grillfleisch verwenden.

Käse-Gurken-Sandwiches mit Walnussbutter

Gut vorzubereiten – einfach
8 Stück

Für die Walnussbutter:
150 g weiche Butter
100 g Walnusskerne
4–5 TL Birnendicksaft oder Honig
Salz, Pfeffer
evtl. etwas Williamsgeist

Für die Sandwiches:
16 große Scheiben Kastenweißbrot
einige Salatblätter
400 g Weichkäse mit Edelpilz
400 g Salatgurke
32 Walnusskernhälften

Zubereitungszeit: 30 Minuten

1 Für die Walnussbutter die Butter geschmeidig rühren. Die Walnusskerne im Mixer fein mahlen und dazugeben. Mit den restlichen Zutaten abschmecken.

2 Für die Sandwiches die Weißbrotscheiben rösten. Abkühlen lassen und von einer Seite mit Walnussbutter bestreichen. Je 8 Scheiben mit Salatblättern belegen.

3 Weichkäse in Scheiben schneiden. Salatgurke waschen, trockentupfen und ebenfalls in Scheiben schneiden.

4 Die mit Salatblättern belegten Weißbrotscheiben mit Gurken- und Käsescheiben sowie Walnusskernhälften belegen. Mit den übrigen Brotscheiben bedecken und leicht andrücken. Die Sandwiches einzeln in Frischhaltefolie wickeln oder in einer verschließbaren Dose aufbewahren.

Pro Stück: *E: 25 g, F: 62 g, Kh: 54 g, kJ: 3843, kcal: 918*

Tomaten-Sandwiches

Preiswert
8 Stück

100 g weiche Butter
3–4 TL Tomatenmark
24 Scheiben rundes Schwarzbrot oder Vollkornbrot
500 g Salatgurke
frische Kräuter, z. B. Petersilie, Dill, Schnittlauch
200 g Frischkäse
4 Tomaten
8 Scheiben gekochter Schinken

Zubereitungszeit: 25 Minuten

1 Die Butter mit dem Tomatenmark verrühren und 8 Scheiben Brot damit bestreichen.

2 Die Gurke waschen, trockentupfen, halbieren und mit einem kleinen Teelöffel entkernen. Das Fruchtfleisch fein würfeln und mit den fein gehackten Kräutern unter den Frischkäse rühren.

3 Die Tomaten waschen, Stängelansätze entfernen. Tomaten in Scheiben schneiden. Vier Brotscheiben mit dem Frischkäse bestreichen, die anderen Scheiben mit den Tomatenscheiben und dem gekochten Schinken belegen. Die Brotscheiben aufeinander stapeln und mit der letzten Brotscheibe abschließen. Die Tomaten-Sandwiches in Frischhaltefolie einwickeln und nicht zu lange aufbewahren.

Pro Stück: *E: 19 g, F: 19 g, Kh: 51 g, kJ: 1980, kcal: 473*

Riesen-Burger

Sehr aufwändig
2 Stück

Für den Hefeteig:
400 g Weizenmehl
1 Pck. Trockenhefe
2 TL Zucker
1 gestr. TL Salz
2 EL Olivenöl
150 ml lauwarmes Wasser
2 Eier (Größe M)
100 g geriebener Parmesan
100 g fein gewürfelter Pecorino (italienischer Schafskäse)

Für die Füllung:
150 g Salatmayonnaise
50 g in Scheiben geschnittene Champignons
40 g fein gewürfelter, gekochter Schinken
einige Salatblätter
4 Scheiben roher Schinken, z. B. Parmaschinken
4 Scheiben Salami
2 Scheiben gekochter Schinken

Zubereitungszeit: 60 Minuten, ohne Teiggeh- und Abkühlzeit

1 Für den Teig Mehl in eine Schüssel sieben, mit der Hefe sorgfältig vermischen.

2 Restliche Zutaten für den Teig – bis auf den Käse – hinzugeben und mit Handrührgerät mit Knethaken zunächst auf niedrigster, dann auf höchster Stufe in etwa 5 Minuten zu einem Teig verarbeiten. Den Teig zugedeckt so lange an einem warmen Ort stehen lassen, bis er sich sichtbar vergrößert hat.

3 Danach Parmesan und Pecorino auf leicht bemehlter Arbeitsfläche unterkneten und die Hälfte des Teiges in eine gefettete Charlottenform geben. Nochmals gehen lassen. Form auf dem Rost in den Backofen schieben.

Ober-/Unterhitze:
etwa 180 °C (vorgeheizt)
Heißluft: etwa 160 °C
(nicht vorgeheizt)
Gas: Stufe 2–3
(nicht vorgeheizt)
Backzeit: etwa 35 Minuten.

4 Mit der anderen Teighälfte ebenso verfahren. Das Gebäck auf einem Kuchenrost auskühlen lassen.

5 Für die Füllung von beiden Gebäckstücken einen Deckel abschneiden, beiseite legen und die unteren Teile waagerecht jeweils viermal durchschneiden.

6 Die Hälfte der Mayonnaise mit Champignons und Schinkenwürfeln verrühren, jeweils auf die unterste und die oberste Gebäckscheibe streichen und mit Salatblättern belegen. Übrige Scheiben mit restlicher Mayonnaise bestreichen.

7 Die zweite Scheibe jeweils mit dem rohen Schinken, die folgende Scheibe mit der Salami und die vierte Scheibe mit dem Kochschinken belegen. Scheiben in der Reihenfolge wieder übereinander setzen und den Deckel auflegen. Die beiden Riesen-Burger einzeln in Frischhaltefolie wickeln.

Pro Stück: *E: 98 g, F: 117 g, Kh: 164 g, kJ: 9302, kcal: 2222*

Tipp:

Statt einzeln in einer Charlottenform zu backen, können auch getoastete Weißbrotscheiben genommen werden und als Deckel je 1/2 Roggenbrötchen.

Schichtsalat

Klassisch – gut vorzubereiten
12 Portionen

8 Eier
2 Gläser (je 370 g) Selleriestreifen oder -scheiben
2 Dosen (je 265 g Abtropfgewicht) Gemüsemais
2 Dosen (je 480 g Abtropfgewicht) Ananas
4 säuerliche Äpfel
3 Stangen Porree (Lauch)
400 g gekochter Schinken

Für die Sauce:
500 g Miracel Whip oder Salatmayonnaise
500 ml (½ l) Schlagsahne

Zubereitungszeit: 60 Minuten, ohne Durchziehzeit

1 Eier in Wasser 10 Minuten kochen, abgießen, etwas abkühlen lassen, pellen und in Achtel oder Scheiben schneiden.

2 Sellerie, Mais und Ananas in ein Sieb geben. Ananas in Stücke schneiden.

3 Äpfel schälen, vierteln, entkernen, in kleine Stücke schneiden. Porree putzen, waschen, in feine Ringe schneiden, kurz in kochendem Wasser blanchieren. Schinken in Würfel oder Streifen schneiden.

4 Für die Sauce Miracel Whip oder Mayonnaise und Sahne verrühren.

5 Die Zutaten abwechselnd mit der verrührten Mayonnaise in eine große Schüssel schichten und 12 Stunden zugedeckt durchziehen lassen.

Pro Portion:
E: 16 g, F: 35 g, Kh: 27 g
kJ: 2166, kcal: 517

Tipp:

Bevor Sie mit dem Schichten beginnen, den Boden der Schüssel mit Kresse ausstreuen.

Provenzalische Oliven

Gut vorzubereiten

4 Knoblauchzehen
1 Rosmarinzweig
3 Thymianzweige
5 Salbeiblättchen
500 g schwarze Oliven

Für die Essiglösung:
150 ml Rotweinessig
75 ml Wasser
12 schwarze Pfefferkörner
100 ml kalt gepresstes Olivenöl

Zubereitungszeit: 25 Minuten, ohne Durchziehzeit

Insgesamt:
E: 10 g, F: 164 g, Kh: 29 g,
kJ: 7259, kcal: 1734

1 Knoblauchzehen abziehen und in dünne Scheiben schneiden. Rosmarinzweig, Thymianzweige und Salbeiblättchen vorsichtig abspülen und trockentupfen. Oliven, Knoblauchscheiben und Kräuter in einen vorbereiteten Steintopf schichten.

2 Für die Essiglösung Essig mit Wasser und Pfefferkörnern zum Kochen bringen, kochend heiß über die Oliven gießen und abkühlen lassen. Das Öl darüber gießen.

3 Steintopf verschließen und kühl aufbewahren, Oliven 5–6 Tage durchziehen lassen.

Waldorfsalat

Vegetarisch (Foto)
6–8 Portionen

500 g Äpfel
500 g Knollensellerie
6 Scheiben Ananas
200 g Walnusskerne
Saft von 1 Zitrone
1 Prise Salz
1 TL Zucker
frisch gemahlener Pfeffer
3 EL Mayonnaise
1 Becher (150 g) saure Sahne

Zubereitungszeit: 45 Minuten, ohne Durchziehzeit

1 Äpfel schälen, vierteln, entkernen und in Scheiben oder Stifte schneiden. Sellerie putzen, schälen, waschen und fein hobeln. Ananas würfeln, Walnüsse grob hacken.

2 Zitronensaft, Salz, Zucker und Pfeffer verrühren, Mayonnaise und saure Sahne unterziehen und mit den Zutaten vermengen. Den Salat mindestens 4 Stunden durchziehen lassen.

Pro Portion:
E: 6 g, F: 27 g, Kh: 21 g
kJ: 1514, kcal: 361

Tipp:

Nach Belieben einige gehackte Walnüsse zurücklassen und den Salat vor dem Servieren damit bestreuen.

Süßsaure Soleier

Klassisch
12 Portionen

12 Eier
kochendes Salzwasser
600 ml Wasser
3 EL Salz
3 EL Senfkörner
150 ml Obstessig
3 EL Rohrzucker
15 weiße Pfefferkörner

Zubereitungszeit: 15 Minuten, ohne Durchziehzeit

1 Eier in kochendem Salzwasser 7 Minuten kochen und in kaltem Wasser abschrecken.

2 Wasser (600 ml) mit Salz, Senfkörnern, Essig, Zucker und Pfefferkörnern zum Kochen bringen.

3 Die Schalen der Eier rundherum eindrücken und die Eier mindestens 24 Stunden in der Marinade durchziehen lassen.

Pro Portion:
E: 9 g, F: 7 g, Kh: 6 g
kJ: 558, kcal: 133

Tipp:

Zum Verzehr werden die Eier gepellt und halbiert. Das Eigelb vorsichtig herausnehmen, in die Hälfte des Eiweißes gibt man etwas Senf, Worcestersauce oder Pfeffer, Essig und Öl oder Ketchup, Sojasauce oder Chutneys. Nun legt man das Eigelb umgekehrt wieder auf das Eiweiß und verspeist das Ganze in einem Bissen.

Tomaten in Essig

Gut vorzubereiten (Foto)
8 Portionen

2 kg kleine, reife, feste Tomaten

Für die Essiglösung:
4 Schalotten oder kleine Zwiebeln, 1 l Weinessig
250 ml (1/4 l) Wasser
20 g Salz, 20 g Zucker
2 Gewürznelken, 20 g Pfefferkörner, 20 g Senfkörner
1 Pck. Einmach-Hilfe

Zubereitungszeit: 30 Minuten

1 Tomaten gründlich waschen, abtrocknen, jede Tomate 15–20-mal mit einem Holzspießchen einstechen und in gründlich gereinigte und gespülte Gläser füllen.

2 Für die Essiglösung Schalotten oder Zwiebeln abziehen und in Ringe schneiden. Mit Essig, Wasser, Salz, Zucker, Gewürznelken, Pfefferkörnern und Senfkörnern zum Kochen bringen, von der Kochstelle nehmen. Einmach-Hilfe unterrühren und die Essiglösung über die Tomaten gießen.

3 Anschließend die Gläser fest verschließen.

Pro Portion:
E: 4 g, F: 1 g, Kh: 15 g
kJ: 501, kcal: 121

Tipp:
Die Tomaten in Essig halten etwa 3 Wochen.

Kräuterkränze

Preiswert
12 Stück

Für den Hefeteig:
375 g Weizenmehl (Type 550)
1 Würfel Hefe (42 g)
1 TL Zucker
125 ml (1/8 l) lauwarmes Wasser
3 gekochte Pellkartoffeln (etwa 200 g)
150 g Crème fraîche
5 EL Olivenöl, 1 gestr. TL Salz
1 EL Kräuter der Provence

Zum Bestreichen:
1 Eigelb, 2 EL Schlagsahne

Zum Bestreuen:
Mohnsamen, geriebener Käse
Kürbiskerne, Sesamsamen

Zubereitungszeit: 85 Minuten. ohne Teiggehzeit

1 Für den Teig Mehl in eine Schüssel sieben. In die Mitte eine Vertiefung drücken. Hefe hineinbröckeln, Zucker und etwas Wasser hinzufügen. Mit einer Gabel vorsichtig verrühren und etwa 10 Minuten gehen lassen.

2 Kartoffeln pellen und durch die Kartoffelpresse drücken. Mit Crème fraîche, Öl, Salz und Kräutern der Provence zu dem Vorteig geben, mit Handrührgerät mit Knethaken in etwa 5 Minuten zu einem glatten Teig verkneten. Den Teig nochmals an einem warmen Ort stehen lassen, bis er sich sichtbar vergrößert hat.

3 Den Teig in 12 Stücke teilen, je 1 Teigstück zu 2 Schnüren von etwa 20 cm rollen, die Teigstücke miteinander verdrehen, zu einem Kranz formen und auf ein gefettetes Backblech legen.

(Fortsetzung Seite 56)

4 Zum Bestreichen Eigelb mit Sahne verquirlen und die 12 Kränze damit bestreichen. Je 3 Kränze mit Mohn, geriebenem Käse, Kürbiskernen und Sesamsamen bestreuen. Die Kränze nochmals an einem warmen Ort stehen lassen, bis sie sich sichtbar vergrößert haben. Das Backblech in den Backofen schieben.

Ober-/Unterhitze:
180–200 °C (vorgeheizt)
Heißluft: 160–180 °C
(nicht vorgeheizt)
Gas: etwa Stufe 3 (vorgeheizt)
Backzeit: etwa 30 Minuten.

Pro Stück:
E: 6 g, F: 12 g, Kh: 27 g
kJ: 1022, kcal: 244

Tipp:
Die Kränze halten sich gut verpackt 1–2 Tage frisch.

Gemüsesalat süßsauer mit Ananas

Gut vorzubereiten
8 Portionen

4 Möhren
4 große, fest kochende Kartoffeln
2 mittelgroße Zucchinis
1 kleiner Staudensellerie
5 Fleischtomaten
60 g Butter
200 ml Gemüsebrühe
4 Scheiben Ananas
3 EL Mango-Chutney
etwas Essig
gemahlener Kreuzkümmel
Salz
frisch gemahlener Pfeffer
1 TL Currypulver
1 TL Zucker

Zubereitungszeit: 50 Minuten, ohne Durchziehzeit

1 Möhren und Kartoffeln waschen, schälen und abspülen.

2 Zucchinis putzen, Enden abschneiden, Zucchinis waschen, in Würfel schneiden. Von dem Staudensellerie Stängel abschneiden, evtl. Außenfäden entfernen, Staudensellerie in Streifen oder Würfel schneiden. Tomaten waschen, Stängelansätze entfernen, Tomaten würfeln.

3 In einem Schmortopf Butter zerlassen. Zutaten außer Tomaten darin andünsten (nacheinander, je nachdem, wie hart das Gemüse ist), Brühe hinzugießen und das Gemüse bissfest schmoren.

4 Ananas in kleine Stücke schneiden. Mango-Chutney evtl. fein hacken und mit Gewürzen und Tomaten zum Gemüse geben. Den Salat noch 1 Stunde durchziehen lassen. In ein verschließbares Gefäß füllen.

Pro Portion: *E: 3 g, F: 7 g,*
Kh: 15 g, kJ: 569, kcal: 136

Tipp:
Schön sieht es aus, wenn aus den Kartoffeln kleine Kugeln ausgestochen werden. Kartoffeln und Möhren können auch vorher gekocht werden, dann nur noch kurz anbraten.

Gefüllte Hefetaschen

Gut vorzubereiten – für Kinder etwa 24 Stück

Für den Hefeteig:
375 g Weizenmehl (Type 550)
1 Pck. Trockenhefe
50 g Zucker
1 Pck. Vanillin-Zucker
1 Prise Salz
50 g zerlassene, abgekühlte Butter oder Margarine
200 ml lauwarme Milch

Für den Knetteig:
150 g Weizenmehl
100 g Butter oder Margarine

Für die Füllung:
1 Pck. Pudding-Pulver Vanille-Geschmack
50 g Zucker
375 ml (3/8 l) Milch
1 Becher (150 g) Crème fraîche
50 g Rosinen

1 Eigelb, 3–4 EL Milch

Zum Aprikotieren:
50 g Aprikosenkonfitüre
2 EL Wasser, 30 g Zucker

Zum Bestreuen:
100 g abgezogene, gehobelte Mandeln

Zubereitungszeit: 90 Minuten, ohne Teiggeh- und Abkühlzeit

1 Für den Hefeteig Mehl in eine Rührschüssel sieben und mit der Trockenhefe sorgfältig mischen. Zucker, Vanillin-Zucker, Salz, Butter oder Margarine und Milch hinzufügen und mit Handrührgerät mit Knethaken zunächst auf niedrigster, dann auf höchster Stufe in etwa 5 Minuten zu einem Teig verarbeit. Zugedeckt an einem warmen Ort stehen lassen, bis er sich sichtbar vergrößert hat.

2 Für den Knetteig Mehl in eine Rührschüssel sieben. Butter oder Margarine hinzufügen. Die Zutaten mit Handrührgerät mit Knethaken zunächst kurz auf niedrigster, dann auf höchster Stufe gut durcharbeiten. Anschließend auf der bemehlten Arbeitsfläche zu einem glatten Teig verkneten, sollte er kleben, ihn eine Zeitlang kalt stellen.

3 Für die Füllung aus Pudding-Pulver, Zucker und Milch nach Packungsanleitung – aber mit den hier angegebenen Zutaten – einen Pudding kochen. Crème fraîche und Rosinen unter den heißen Pudding rühren und den Pudding erkalten lassen, dabei ab und zu umrühren.

4 Den gegangenen Hefeteig mit dem Knetteig gut verkneten, etwa ½ cm dick ausrollen und in Quadrate (11 x 11 cm) schneiden oder Kreise (Ø 12 cm) ausstechen.

5 Jede Teigplatte zur Hälfte mit etwas Füllung belegen. Eigelb mit Milch verschlagen und die Teigränder dünn damit bestreichen. Die andere Teighälfte über die Füllung klappen und die Ränder gut andrücken.

6 Die Teigtaschen auf ein mit Backpapier belegtes Backblech legen, mit der restlichen Eigelbmilch bestreichen und nochmals zugedeckt so lange an einem warmen Ort stehen lassen, bis sie sich sichtbar vergrößert haben. Das Backblech in den Backofen schieben.

Ober-/Unterhitze: 180–200 °C (vorgeheizt)
Heißluft: 160–180 °C (nicht vorgeheizt)
Gas: etwa Stufe 3 (vorgeheizt)
Backzeit: 20–25 Minuten.

(Fortsetzung Seite 60)

7 Zum Aprikotieren Aprikosenkonfitüre durch ein Sieb streichen und mit Wasser und Zucker in einem kleinen Topf unter Rühren etwas einkochen lassen. Das heiße Gebäck damit bestreichen, mit den Mandeln bestreuen und erkalten lassen.

Pro Stück:
E: 5 g, F: 11 g, Kh: 28 g
kJ: 990, kcal: 236

Kirsch-Marzipan-Kuchen

Einfach

Für den Rührteig:
200 g Butter oder Margarine
200 g Marzipan-Rohmasse
200 g Zucker
6 Eier (Größe M)
300 g Weizenmehl
4 gestr. TL Backpulver
1 Glas Sauerkirschen
(Abtropfgewicht 370 g)

Zum Bestäuben:
Puderzucker

Zubereitungszeit: 30 Minuten, ohne Abkühlzeit

1 Für den Teig Butter oder Margarine und klein geschnittene Marzipan-Rohmasse in einer Rührschüssel mit Handrührgerät mit Rührbesen auf höchster Stufe gut verrühren. Zucker nach und nach unterrühren, so lange rühren, bis eine gebundene Masse entstanden ist.

2 Nach und nach die Eier unterrühren (jedes Ei etwa 1/2 Minute). Mehl mit Backpulver mischen, sieben und portionsweise unterrühren.

3 Ein Drittel des Teiges in eine Kastenform (30 x 11 cm, gefettet und gemehlt) füllen. Unter den restlichen Teig die gut abgetropften Kirschen heben. Den Kirschteig ebenfalls in die Form füllen und glatt streichen. Die Form auf dem Rost in den Backofen schieben.

Ober-/Unterhitze: etwa 180 °C (vorgeheizt, unteres Drittel des Backofens)
Heißluft: etwa 160 °C (nicht vorgeheizt)
Gas: Stufe 2–3 (nicht vorgeheizt)
Backzeit: etwa 60 Minuten.

4 Das Gebäck nach dem Backen aus der Form lösen und auf einem Kuchenrost erkalten lassen.

5 Den Kuchen vor dem Servieren mit Puderzucker bestäuben.

Insgesamt: *E: 106 g, F: 278 g, Kh: 587 g, kJ: 22913, kcal: 5473*

Tipp:

Statt Sauerkirschen können Sie auch 200 g Rosinen und 100 g abgezogene, gehackte Mandeln unter den Teig heben.

Familienessen im Garten

Für ein Familienessen im Garten gibt es zahlreiche Gelegenheiten: Geburtstage, Hochzeitstage oder Verwandtenbesuch aus der Ferne. Servieren Sie Ihren Gästen einen provenzalischen Gemüseauflauf, einen Kräuterputenbraten mit Tomatensauce, eine Sommer-Kaltschale mit Pfannkuchenstreifen und Lachsterrine mit Dill-Senf-Sauce. Und ehe Sie sich versehen, wird über netten Gesprächen die Dämmerung hereinbrechen.

Geflügelfrikadellen auf buntem Paprikasalat

Gut vorzubereiten
8 Portionen

Für die Geflügelfrikadellen:
600 g Geflügelhackfleisch
1 altbackenes, eingeweichtes Brötchen
1 Ei (Größe M)
Salz
frisch gemahlener Pfeffer
Paprikapulver edelsüß
1 Bund Petersilie
4 EL Speiseöl

Für den Paprikasalat:
je 2 Paprikaschoten (rot, grün, gelb)
2 Zwiebeln
4 EL Essig
6 EL Speiseöl
1 kleines Bund Thymian

Zubereitungszeit: 40 Minuten, ohne Durchziehzeit

1 Für die Geflügelfrikadellen Geflügelhackfleisch in eine Schüssel geben. Eingeweichtes Brötchen in ein Sieb legen und ausdrücken. Die Brötchenmasse und das Ei zum Hackfleisch geben, mit Salz, Pfeffer und Paprika würzen und gut durchkneten.

2 Petersilie abspülen, trockentupfen, fein hacken, in den Fleischteig einarbeiten. 8 kleine Frikadellen formen und in nicht zu heißem Öl braten.

3 Für den Paprikasalat Paprikaschoten vierteln, entstielen, entkernen, die weißen Scheidewände entfernen, die Schoten waschen, würfeln, in kochendem Salzwasser 2 Minuten blanchieren und in einem Sieb abtropfen lassen. Zwiebeln abziehen und würfeln.

4 Aus Essig, Öl, Salz und Pfeffer eine Marinade rühren, Zwiebel- und Paprikawürfel dazugeben und 1 Stunde durchziehen lassen.

5 Den Salat auf einem Teller anrichten, ausgekühlte Frikadellen darauf legen und mit gezupften Thymianblättchen garnieren.

Pro Portion: *E: 20 g, F: 17 g, Kh: 7 g, kJ: 1152, kcal: 275*

Tipp:

Wenn Sie die Paprikaschoten nicht blanchieren möchten, können Sie sie auch mit Hilfe eines Sparschälers dünn schälen.
Die Geflügelfrikadellen schmecken noch herzhafter, wenn statt des Eies 1–2 Esslöffel Magerquark untergemischt werden, dann evtl. zusätzlich Semmelbrösel untermischen.

Vichyssoise

(Kalte Kartoffelsuppe)
Preiswert
8 Portionen

1 kg Kartoffeln
600 g Porree (Lauch)
2 kleine Zwiebeln
5 EL Speiseöl
1 Lorbeerblatt
2 l Fleischbrühe
Salz
frisch gemahlener Pfeffer
geriebene Muskatnuss
400 ml Schlagsahne

Für die Croûtons:
4 Scheiben Toastbrot
100 g Butter
2 Bund Schnittlauch
1 Becher (150 g) Crème fraîche

Zubereitungszeit: 45 Minuten, ohne Kühlzeit

1 Für die Vichyssoise Kartoffeln waschen, schälen, abspülen und in grobe Würfel schneiden. Porree putzen, gründlich waschen, das dunkle Grün abschneiden, Porree in Ringe schneiden und evtl. nochmals waschen. Zwiebeln abziehen und in Streifen schneiden.

2 Öl in einem Topf erhitzen und das vorbereitete Gemüse darin farblos andünsten. Lorbeerblatt hinzugeben und mit Fleischbrühe auffüllen. Mit Salz, Pfeffer und Muskat würzen. Die Kartoffeln bei schwacher Hitze etwa 30 Minuten gar kochen.

3 Sahne hinzufügen und nochmals kurz durchkochen lassen. Die Suppe etwas abkühlen lassen, Lorbeerblatt entfernen und die Suppe im Mixer fein pürieren.

4 Die Suppe durch ein Haarsieb passieren und im Kühlschrank gut durchkühlen lassen.

5 Für die Croûtons Toastbrot entrinden und das Brot in kleine Würfel schneiden. Die Brotwürfel in zerlassener Butter in einer Pfanne goldgelb rösten.

6 Schnittlauch abspülen, trockentupfen und in feine Röllchen schneiden. Die Vichyssoise aus dem Kühlschrank nehmen und mit dem Pürierstab Crème fraîche unterschlagen. Die Suppe evtl. nochmals abschmecken.

7 Die Suppe in vorgekühlte Suppentassen füllen und die Croûtons und die Schnittlauchröllchen darauf verteilen.

Pro Portion: *E: 14 g, F: 46 g, Kh: 36 g, kJ: 2668, kcal: 638*

Sommer-Kaltschale mit Pfannkuchenstreifen

Erfrischend
8 Portionen

Für die Pfannkuchenstreifen:
175 g Weizenmehl
2 Eier (Größe M)
1 EL Zucker, 1 Prise Salz
375 ml (3/8 l) Milch
125 ml (1/8 l) Mineralwasser

Zum Backen:
60 g Butter oder Margarine

Für die Kaltschale:
1 Pck. Fruttina Aprikose-Geschmack (Fruchtpudding-Pulver)
200 g Zucker
1 l Wasser

(Fortsetzung Seite 68)

1 l Orangensaft
2 Pck. Vanillin-Zucker
1 Pck. geriebene Zitronenschale
1 Prise Salz
500 g Erdbeeren
8 Kugeln Vanille-Eis
Zitronenmelisseblättchen

Zubereitungszeit: 55 Minuten, ohne Kühlzeit

1 Für die Pfannkuchenstreifen Mehl in eine Schüssel sieben, in die Mitte eine Vertiefung drücken. Eier, Zucker und Salz mit Milch und Mineralwasser verschlagen, etwas davon in die Vertiefung geben. Von der Mitte aus Eierflüssigkeit und Mehl verrühren, nach und nach die übrige Eierflüssigkeit dazugeben, darauf achten, dass keine Klümpchen entstehen.

2 Etwas von der Butter oder Margarine in einer kleinen Pfanne zerlassen und darin nacheinander etwa 8 Pfannkuchen backen. Pfannkuchen in feine Streifen schneiden, auf einem Backblech verteilen, im vorgeheizten Backofen bei 180 °C 10 Minuten überbacken. Aus den restlichen Pfannkuchen Motive ausstechen, beiseite legen.

3 Für die Kaltschale das Pudding-Pulver mit dem Zucker und 6 Esslöffeln Wasser anrühren. Das übrige Wasser mit den Gewürzen zum Kochen bringen, mit dem angerührten Pudding-Pulver binden. Den Orangensaft unterrühren, kalt stellen. Die Erdbeeren vorbereiten, würfeln, auf 8 Suppenteller verteilen, mit der Kaltschale auffüllen. Die Pfannkuchenstreifen und je 1 Eiskugel hinzufügen.

4 Die Portionen mit den Pfannkuchenmotiven und den Zitronenmelisseblättchen anrichten.

Pro Portion: *E: 8 g, F: 11 g, Kh: 70 g, kJ: 1788, kcal: 428*

Gazpacho

(Kalte Gemüsesuppe)
Klassisch
8 Portionen

200 g altbackenes Weißbrot
2 grüne Paprikaschoten
1 kg reife Tomaten
3 abgezogene, zerdrückte Knoblauchzehen
3 Zwiebeln
125 ml (⅛ l) Olivenöl
125 ml (⅛ l) Rotwein
250 ml (¼ l) Hühnerbrühe
Salz, Pfeffer

Als Einlage:
4 Scheiben Toastbrot
2 EL Olivenöl
½ Salatgurke
4 Schalotten, 4 Tomaten
1 grüne Parikaschote
20 grüne Oliven (aus dem Glas)

Zubereitungszeit: 40 Minuten, ohne Durchziehzeit

1 Weißbrot in kaltem Wasser einweichen.

2 Paprikaschoten halbieren, entstielen und entkernen. Die weißen Scheidewände entfernen und die Schoten waschen.

3 Tomaten kurze Zeit in kochendes Wasser legen (nicht kochen lassen), in kaltem Wasser abschrecken, enthäuten, die Stängelansätze herausschneiden. Knoblauchzehen und Zwiebeln abziehen.

4 Gemüse in Stücke schneiden und mit dem gut ausgedrückten Weißbrot, Olivenöl, Rotwein und Hühnerbrühe portionsweise in den Mixer geben und in ein paar Sekunden zu einer glatten Masse verarbeiten.
(Fortsetzung Seite 70)

5 Mit Salz und Pfeffer würzen und zugedeckt einige Stunden in den Kühlschrank stellen.

6 In der Zwischenzeit Toastbrot in Würfel schneiden, in dem erhitzten Öl goldgelb rösten. Gurke waschen, in Würfel schneiden.

7 Schalotten abziehen, würfeln. Tomaten kurze Zeit in kochendes Wasser legen (nicht kochen lassen), in kaltem Wasser abschrecken, enthäuten, die Stängelansätze herausschneiden, die Tomaten würfeln.

8 Paprikaschote halbieren, entstielen, entkernen, die weißen Scheidewände entfernen, die Schote waschen, in Streifen schneiden. Oliven in Scheiben schneiden.

9 Alle Einlagen getrennt in kleine Schälchen geben. Die Suppe kräftig durchrühren, evtl. einige Eiswürfel hineingeben und mit den Einlagen servieren.

Pro Portion:
E: 8 g, F: 23 g, Kh: 33 g
kJ: 1667, kcal: 398

Beilage: Baguette.

Tipp:

Die Suppe kräftig abschmecken und zum Servieren noch einige Eiswürfel hineingeben, damit sie schön gekühlt bleibt.

Provenzalischer Gemüseauflauf

Raffiniert
8 Portionen

2 mittelgroße Zucchinis (etwa 500 g)
2 mittelgroße Auberginen
1 Gemüsezwiebel
4 EL Olivenöl
2 Fleischtomaten
1 Glas Kapernäpfel (260 g)
4 Eier (Größe M)
400 ml Schlagsahne
Salz
frisch gemahlener Pfeffer
Thymian

Zubereitungszeit: 50 Minuten

1 Zucchinis und Auberginen putzen, Enden abschneiden, beides waschen, trockentupfen und in längliche, kleine Streifen schneiden. Zwiebel abziehen, würfeln und mit den Gemüsestreifen in dem erhitztem Öl andünsten.

2 Fleischtomaten waschen, Stängelansätze entfernen, Tomaten vierteln, von den Kernen befreien und grob zerkleinern.

3 Vorbereitetes Gemüse mit den Kapernäpfeln mischen und in eine große, gefettete, flache Auflaufform füllen oder auf ein Backblech verteilen.

4 Eier mit der Sahne verquirlen, mit Salz, Pfeffer und Thymian würzen, über das Gemüse gießen und die Form auf den Rost in den Backofen stellen.

Ober-/Unterhitze:
etwa 180 °C (vorgeheizt)
Heißluft: etwa 160 °C
(nicht vorgeheizt)
Gas: Stufe 2–3 (nicht vorgeheizt)
Backzeit: 35–45 Minuten
(je nach Höhe der Form).

Pro Portion: *E: 3 g, F: 22 g, Kh: 10 g, kJ: 1093, kcal: 262*

Tipp:

Den Auflauf nach Belieben mit Käse überbacken.

Lachsterrine mit Dill-Senf-Sauce

Gut vorzubereiten
8 Portionen

1 Stange Porree (Lauch)
1 kg TK-Lachsfilet
3 EL Speiseöl
375 ml (3/8 l) Schlagsahne
Salz
frisch gemahlener, weißer Pfeffer
12 Blatt weiße Gelatine
einige Blätter glatte Petersilie zum Garnieren

Für die Dill-Senf-Sauce:
250 g Crème fraîche
2 TL Senf
2 EL gemischte, gehackte Kräuter, z. B. Dill, Petersilie
125 ml (1/8 l) Schlagsahne

Zubereitungszeit: 35 Minuten, ohne Kühlzeit

1 Porree putzen, halbieren, gut waschen und in kochendes Salzwasser geben. Die Porreehälften so lange kochen lassen, bis sie noch etwas Biss haben. Dann in kaltem Wasser abschrecken.

2 Eine Kastenform (25 x 11 cm) quer mit den Porreestreifen auslegen.

3 Die gut angetauten Lachsfilets unter fließendem kalten Wasser abspülen, trockentupfen und in große Stücke schneiden. Öl erhitzen und die Lachsstücke darin andünsten. Mit Sahne ablöschen, salzen und pfeffern. Das Ganze etwa 5 Minuten bei mittlerer Hitze zugedeckt garen.

4 Gelatine in kaltem Wasser nach Packungsanleitung einweichen. Die Lachssahne mit einem Pürierstab pürieren, die ausgedrückte Gelatine in die noch heiße Fischmasse geben und gut verrühren. Die Masse abschmecken.

5 Die Lachssahne in die Kastenform füllen und glatt streichen. Den überstehenden Porree über die Lachssahne legen und etwas andrücken. Die Terrine mindestens 6 Stunden kalt stellen.

6 Die Lachsterrine aus der Form lösen, mit einem elektrischen Messer oder einem Sägemesser in Scheiben schneiden und vor dem Servieren mit Petersilienblättern garnieren.

7 Für die Dill-Senf-Sauce Crème fraîche mit Senf, Kräutern und Sahne verrühren, die Sauce mit Salz und Pfeffer abschmecken und zu der Terrine servieren.

Pro Portion: *E: 55 g, F: 69 g, Kh: 8 g, kJ: 5122, kcal: 1226*

Tipp:
Die Lachsterrine schon am Vortag zubereiten. Gut passt dazu ein grüner Salat mit Orangenfilets.

Kräuter-Putenbraten mit Tomatensauce

Etwas aufwändiger
8 Portionen

1 Gemüsezwiebel
1 Putenbrustfilet (2 kg, ohne Haut und Knochen)
Salz
frisch gemahlener Pfeffer
250 ml (¼ l) Fleischbrühe

Für die Tomatensauce:
2 Zwiebeln
3–4 Knoblauchzehen
2 EL Rapsöl
1 EL getrocknetes Basilikum
2 EL Tomatenmark
400 g geschälte Tomaten (aus der Dose)
1–2 EL Tomatenketchup
2 EL flüssiger Honig
1 TL Sambal Oelek
Paprikapulver edelsüß

Zum Bestreichen und Bestreuen:
1 unbehandelte Zitrone
1 EL Olivenöl
2 EL Honig
100 g Kräuterbutter
je 2–3 Stiele Thymian und Oregano

Zubereitungszeit: 100 Minuten, ohne Ruhezeit

1 Gemüsezwiebel abziehen und in Spalten schneiden. Fleisch unter fließendem kalten Wasser abspülen, trockentupfen und mit Salz und Pfeffer würzen. Die Gemüsezwiebel und die Putenbrust in einen großen Bräter oder eine Fettfangschale legen und auf dem Rost in den Backofen schieben.

Ober-/Unterhitze: etwa 200 °C (vorgeheizt)
Heißluft: etwa 180 °C (nicht vorgeheizt)
Gas: Stufe 3–4 (vorgeheizt)
Bratzeit: etwa 90 Minuten.

2 Den Braten nach 30 Minuten nach und nach mit der Fleischbrühe ablöschen.

3 Für die Tomatensauce in der Zwischenzeit Zwiebeln und Knoblauch abziehen und würfeln. Rapsöl in einer Pfanne erhitzen, Zwiebeln und Knoblauch darin glasig dünsten und mit Basilikum bestreuen. Das Tomatenmark untermengen und mit den zerkleinerten Tomaten ablöschen, etwa 2 Minuten köcheln lassen. Die Sauce mit Ketchup, Honig, Salz, Pfeffer, Sambal Oelek und Paprika würzig abschmecken.

4 Die Zitrone gründlich waschen und die Schale abreiben. Zitronenschale, Olivenöl, restlichen Honig und die Kräuterbutter verrühren. Den Braten 15 Minuten vor Ende der Bratzeit mit der Buttermischung bestreichen. Thymian- und Oreganoblättchen von den Stielen zupfen und über den Braten streuen.

5 Braten in Alufolie 10 Minuten ruhen lassen, in Scheiben schneiden. Sauce dazu reichen.

Pro Portion: *E: 62 g, F: 17 g, Kh: 13 g, kJ: 2058, kcal: 492*

Tipp:
Der Braten kann kalt oder warm serviert werden.

Raffinierte Früchtchen

Raffiniert
18 Stück

Für den Biskuitteig:
3 Eier (Größe M)
4 EL heißes Wasser
125 g Zucker
1 Pck. Vanillin-Zucker
125 g Weizenmehl
1 Msp. Backpulver

Für die Buttercreme:
1 Pck. Pudding-Pulver Vanille-Geschmack, 40 g Zucker
500 ml (½ l) Milch
250 g Butter
1 Pck. Bourbon-Vanille-Zucker

50 g abgezogene, gemahlene, leicht geröstete Mandeln

Für den Belag:
500 g vorbereitete Früchte, z. B. Erdbeeren, Brom- und Himbeeren, Kiwis, Karambole, Ananas

Für den Guss:
1 Pck. Tortenguss, klar
20 g Zucker
250 ml (¼ l) klarer Apfelsaft

Zubereitungszeit: 90 Minuten, ohne Kühlzeit

1 Für den Biskuitteig Eier und Wasser mit Handrührgerät mit Rührbesen auf höchster Stufe in 1 Minute schaumig schlagen. Zucker mit Vanillin-Zucker mischen, in 1 Minute einstreuen, etwa 2 Minuten schlagen.

2 Mehl und Backpulver mischen, die Hälfte davon auf die Eiercreme sieben und kurz auf niedrigster Stufe unterrühren. Den Rest des Mehlgemisches auf dieselbe Weise unterarbeiten.

3 Den Teig etwa 1 cm dick auf ein mit Backpapier belegtes Backblech (30 x 40 cm) streichen, sofort backen.

Ober-/Unterhitze:
200–220 °C (vorgeheizt)
Heißluft: 180–200 °C (vorgeheizt)
Gas: etwa Stufe 4 (vorgeheizt)
Backzeit: 10–15 Minuten.

4 Biskuit sofort nach dem Backen auf eine Arbeitsfläche oder Backpapier stürzen. Backpapier mit kaltem Wasser bestreichen, vorsichtig, aber schnell abziehen. Biskuit erkalten lassen.

5 Für die Buttercreme den Pudding aus Pudding-Pulver, Zucker und Milch nach Anleitung kochen. In einer Schüssel, mit Klarsichtfolie zugedeckt, erkalten lassen.

6 Butter geschmeidig rühren. Pudding esslöffelweise unterheben (darauf achten, dass weder Butter noch Pudding zu kalt sind, da die Creme sonst gerinnt). Zuletzt Bourbon-Vanille-Zucker unterrühren.

7 Die ausgekühlte Biskuitplatte mit gut ¾ der Creme bestreichen, aufrollen, kalt stellen. Mit der restlichen Creme bestreichen. Rolle in 18 Scheiben schneiden, jeweils mit einer der Schnittflächen in die gemahlenen Mandeln setzen. Mandeln an den Rändern hochziehen.

8 Für den Belag die vorbereiteten Früchte bunt auf den noch freien Schnittflächen anrichten. Den Guss aus Tortenguss, Zucker und Apfelsaft nach Packungsanleitung zubereiten. Guss mit Hilfe eines Pinsels dünn auf die Früchte streichen.

Pro Stück: *E: 5,3 g; F: 17,1 g; Kh: 46,3 g; kJ: 1396; kcal: 333*

Kinder-party

Für eine Kinderparty im Garten ist der Sommer eine gute Zeit. Die Kinder können nach Herzenslust toben und die Wohnung wird geschont. Und bei viel Bewegung im Freien werden die Kinder natürlich auch hungrig. Servieren Sie kleine Hackbällchen auf Pumpernickel, Frühlingsreis mit Putenstreifen, Froschquark oder Schokobananen am Spieß. Oder lassen Sie die Kinder Pizzascheiben mit Gesichtern verzieren, die Sie dann nur noch backen müssen.

Pizza-gesichter

Raffiniert (Foto)
8 Portionen

1 Pck. Pizza Backmischung Amerikanische Art
4 EL Tomatenketchup
grüne, gefüllte Oliven
kleine Salamischeiben
Champignonköpfe
geriebener Käse

Zubereitungszeit: 50 Minuten, ohne Ruhezeit

1 Pizzateig nach Packungsanleitung zubereiten. Den Teig etwas ruhen lassen, anschließend 8 kleine Pizzaböden herstellen und mit Tomatenketchup bestreichen.

2 Die kleinen Pizzen nun so belegen, dass daraus lustige Gesichter entstehen. Z. B. gefüllte Olivenscheiben als Augen, halbierte Salamischeiben als lachenden oder weinenden Mund, Champignonköpfe als Knollennase usw. Die Haarpracht wird durch geriebenen Käse ersetzt.

3 Fertig garnierte Pizzen auf ein mit Backpapier belegtes Backblech legen. Das Backblech in den Backofen schieben.

Ober-/Unterhitze: etwa 180 °C (vorgeheizt)
Heißluft: etwa 160 °C (vorgeheizt)
Gas: Stufe 2–3 (vorgeheizt)
Backzeit: 10–15 Minuten.

Pro Portion: *E: 5 g, F: 3 g, Kh: 23 g, kJ: 575, kcal: 137*

Lustige Clownsgesichter

Klassisch
12 Stück

Für den Rührteig:
100 g Butter oder Margarine
100 g Zucker
1 Pck. Vanillin-Zucker
1 Prise Salz
2 Eier (Größe M)
100 ml Milch
250 g Weizenmehl
1 Pck. Pudding-Pulver Vanille-Geschmack
3 TL Backpulver

Für den Puderzuckerguss:
100 g Puderzucker
1–2 EL Wasser
75 g Vollmilch- oder Halbbitter-Kuvertüre

verschiedene Süßwaren, z. B. Mini-Schokoküsse, Schokolinsen, Gummibärchen zum Verzieren

Zubereitungszeit: 50 Minuten, ohne Ruhezeit

1 Für den Teig die Butter oder Margarine mit Handrührgerät mit Rührbesen auf höchster Stufe geschmeidig rühren. Nach und nach Zucker, Vanillin-Zucker und Salz unterrühren, so lange rühren, bis eine gebundene Masse entstanden ist. Eier nach und nach unterrühren (jedes Ei etwa 1/2 Minute). Mehl mit Pudding-Pulver und Backpulver mischen, sieben und portionsweise auf mittlerer Stufe unterrühren.

(Fortsetzung Seite 82)

2 Mit 2 Esslöffeln auf 2 gefettete Backbleche je 6 Teighäufchen setzen. Die Backbleche nacheinander (bei Heißluft zusammen) in den Backofen schieben.

Ober-/Unterhitze:
etwa 180 °C (vorgeheizt)
Heißluft: etwa 160 °C (vorgeheizt)
Gas: Stufe 2–3 (vorgeheizt)
Backzeit: etwa 30 Minuten.

3 Für den Puderzuckerguss gesiebten Puderzucker mit Wasser zu einer glatten Masse verrühren. Kuvertüre nach Packungsanleitung auflösen.

4 Gebäckstücke jeweils mit einem Guss bestreichen und sofort mit Süßwaren verzieren. Restlichen Guss als „Haare" auf die Gesichter spritzen.

Pro Stück: *E: 5 g, F: 12 g, Kh: 43 g, kJ: 1274, kcal: 304*

Tipp:

Der Teig kann auch in 6 zweifach ineinander gestellten Papierbackförmchen gebacken werden. Sie können zusätzlich 75 g Schokotropfen mit in den Teig geben.

Italienische Gemüsesuppe

Einfach
8 Portionen

1 Gemüsezwiebel
2 Knoblauchzehen
etwa 500 g Staudensellerie
1 Dose (425 ml) italienische Bohnenkerne
75 g Kräuterbutter
2 l Gemüsebrühe
250 g Spaghetti
200 g TK-Erbsen
Salz
frisch gemahlener Pfeffer
2 Tomaten
¼ Bund Petersilie

Zubereitungszeit: 50 Minuten

1 Zwiebel und Knoblauchzehen abziehen, halbieren, in feine Würfel schneiden. Staudensellerie putzen, die Stangen einzeln lösen, gut waschen, evtl. die Außenfäden abziehen und die Stangen in kleine Stücke schneiden. Die Bohnen auf ein Sieb geben, mit kaltem Wasser abspülen und abtropfen lassen.

2 Die Kräuterbutter bei schwacher Hitze in einem großen Topf zerlassen. Zwiebeln, Knoblauch und Sellerie darin bei schwacher Hitze andünsten. Mit Brühe ablöschen, aufkochen lassen, etwa 10 Minuten kochen lassen.

3 Spaghetti einmal durchbrechen, zufügen und noch 10 Minuten köcheln lassen. 5 Minuten vor Ende der Garzeit Erbsen und Bohnen hinzufügen. Suppe mit Salz und Pfeffer abschmecken.

4 Tomaten waschen, die Stängelansätze entfernen, die Tomaten in Würfel schneiden und in die Suppe geben. Petersilie fein hacken, die Suppe damit bestreuen und in einer Terrine servieren.

Pro Portion: *E: 11 g, F: 10 g, Kh: 39 g, kJ: 1214, kcal: 290*

Schokobananen am Spieß

Einfach (Foto)
8 Portionen

200 g dunkle Fettglasur
200 g Vollmilch-Fettglasur
100 g weiße Kuvertüre
8 Mini-Bananen oder
4 mittelgroße Bananen

Zubereitungszeit: 30 Minuten

1 Glasuren und Kuvertüre getrennt voneinander in einem kleinen Topf im Wasserbad bei schwacher Hitze zu einer geschmeidigen Masse verrühren oder in der Mikrowelle auflösen.

2 Bananen schälen und auf Holzspieße stecken.

3 Die Hälfte der Bananen (große Bananen halbieren) mit dunkler, die restlichen mit Vollmilchglasur überziehen.

4 Die weiße Kuvertüre in eine kleine Pergamentpapiertüte füllen und die überzogenen Bananen nach Belieben verzieren.

Pro Portion: *E: 5 g, F: 22 g, Kh: 48 g, kJ: 1747, kcal: 418*

Frühlingsreis mit Putenstreifen

Raffiniert
8 Portionen

250 g Langkorn-Wildreis-Mischung
500 ml (½ l) Salzwasser
300 g Porree (Lauch)
250 g Möhren
200 g Kohlrabi
400 g Putenschnitzel
1 EL Speiseöl, z. B. Walnussöl
½ TL Speisestärke
Salz, Pfeffer
Paprikapulver edelsüß
30 g Butter
125 ml (⅛ l) Hühnerbrühe
einige Spritzer Worcestersauce
½ Bund gehackte Petersilie

Zubereitungszeit: 60 Minuten

1 Reis-Mischung nach Packungsanleitung in Salzwasser garen, abtropfen lassen. Porree, Möhren und Kohlrabi putzen und waschen, abtropfen lassen. Porree schräg in feine Ringe schneiden.

2 Möhren und Kohlrabi schälen, Möhren mit einem Buntmesser in Scheiben und Kohlrabi in kleine Würfel schneiden.

3 Putenfleisch unter fließendem kalten Wasser abspülen, trockentupfen und in grobe Streifen schneiden. Öl in einem großen Topf erhitzen, Putenstreifen hinzufügen, mit Speisestärke bestäuben und von allen Seiten anbraten.

4 Das Fleisch mit Salz, Pfeffer und Paprika würzen, aus dem Topf nehmen.

5 Butter in einem Topf zerlassen, Gemüse darin andünsten. Hühnerbrühe angießen, Reis und Putenstreifen zugeben und alles noch etwa 5 Minuten weitergaren.

6 Frühlingsreis nochmals abschmecken und mit Petersilie bestreut servieren.

Pro Portion: *E: 13 g, F: 8 g, Kh: 30 g, kJ: 1036, kcal: 247*

Kleine Hackfleischbällchen auf Pumpernickel

Einfach (Foto)
8 Portionen

2 kleine Zwiebeln
400 g Rindergehacktes
4 Eigelb (Größe M)
frisch gemahlener Pfeffer
1 TL Paprikapulver edelsüß
2 EL Tomatenketchup
2 EL gehackte Petersilie
Salz
40 g Butterschmalz zum Braten
8 Pumpernickelscheiben
40 g Butter zum Bestreichen
einige gewaschene und geputzte Feldsalatblätter oder Lollo Rosso
kleine Gewürzgurken
Tomatenecken

Zubereitungszeit: 25 Minuten

1 Zwiebeln abziehen, in Würfel schneiden und kurz in heißem Wasser abschrecken, um ihnen die Schärfe zu nehmen.

2 Rindergehacktes mit Eigelb, Zwiebelwürfeln, Pfeffer, Paprikapulver, Tomatenketchup, Petersilie und Salz vermengen und abschmecken.

3 Aus der Masse kleine Hackfleischbällchen formen und in heißem Butterschmalz von beiden Seiten gut braten.

4 Pumpernickelscheiben mit Butter bestreichen, ein paar Feldsalatblätter oder Lollo Rosso darauf legen und Hackfleischbällchen obenauf setzen. Gewürzgurken in dicke Scheiben schneiden und darauf legen.

5 Auf einem Teller mit etwas angemachtem Feldsalat und Tomatenecken anrichten.

Pro Portion: *E: 14 g, F: 20 g, Kh: 12 g, kJ: 1263, kcal: 302*

Tipp:
Hackfleischbällchen können auch aus Geflügel- oder Lammfleisch zubereitet werden.

Käsespieße

Klassisch
8 Portionen

600 g Käse, z. B. Gouda oder deutscher Edamer
Obststücke, z. B. Ananas, Weintrauben oder Kirschen
einige Walnusskernhälften

Zubereitungszeit: 30 Minuten

1 Den Käse in mundgerechte Würfel schneiden.

2 Jeweils einen Käsehappen mit einem Stück gewaschenem Obst oder einer Walnusshälfte mit einem Holzstäbchen feststecken.

Pro Portion: *E: 18 g, F: 26 g, Kh: 4 g, kJ: 1416, kcal: 339*

Tipp:
Es kann auch konserviertes Obst, wie z. B. Mandarinen verwendet werden.

Heiße Partyscheiben

Schnell
12 Portionen

12 Scheiben Vollkorntoastbrot
40 g Butter
4 Ananasscheiben (aus der Dose)
4 Scheiben Schnittkäse, z. B. mittelalter Gouda
4 Scheiben gekochter Schinken
4 Pfirsichhälften (aus der Dose)
1 Dose Thunfisch (215 g, im eigenen Saft)
1 Zwiebel

Zubereitungszeit: 25 Minuten

1 Die Brotscheiben toasten und dünn mit Butter bestreichen.

2 Auf 4 Toastscheiben je 1 Ananasscheibe und darauf je 1 Scheibe Käse legen. Die Toastscheiben auf ein mit Backpapier belegtes Backblech legen. Das Backblech in den Backofen schieben.

3 Auf 4 weitere Toastscheiben je 1 Scheibe Schinken und darauf je 1 Pfirsichhälfte legen.

4 Den Thunfisch auf die letzten 4 Scheiben legen. Die Zwiebel abziehen, in Ringe schneiden und auf den Thunfisch legen, in den Backofen schieben.

Ober-/Unterhitze: etwa 200 °C (vorgeheizt)
Heißluft: etwa 180 °C (vorgeheizt)
Gas: Stufe 3–4 (vorgeheizt)
Backzeit: etwa 10 Minuten.

Pro Portion:
E: 11 g, F: 14 g, Kh: 24 g
kJ: 1177, kcal: 281

Kartoffelsalat mit Gurke und Radieschen

Vegetarisch
6 Portionen

1,5 kg gegarte, gepellte Kartoffeln
4 Schalotten
3 EL Pflanzenöl
frisch gemahlener Pfeffer
200 ml Gemüsebrühe
3–4 EL Essig
250 g Gewürzgurken
1–2 Bund Radieschen
3 EL frischgehackte Kräuter, z. B. Schnittlauch, Petersilie
nach Belieben Salatblätter und hartgekochte Eier

Zubereitungszeit: 40 Minuten, ohne Durchziehzeit

1 Die Kartoffeln in Scheiben schneiden. Die abgezogenen Schalotten fein würfeln, in einer Pfanne in Öl andünsten. Dann Pfeffer, Brühe und Essig unterrühren.

2 Die Brühe heiß über die Kartoffelscheiben gießen. Vorsichtig umrühren. Mindestens 1 Stunde durchziehen lassen.

3 Vor dem Servieren die gewürfelten Gurken und die geputzten, gewaschenen und kleingeschnittenen Radieschen untermischen. Alles nochmals abschmecken, mit Kräutern bestreuen. Nach Belieben auf Salatblättern und mit gekochten Eiern anrichten.

Pro Portion:
E: 6 g, F: 6 g, Kh: 42 g
kJ: 1092, kcal: 260

Bratwurst

Klassisch
6 Portionen

30 g Pflanzenfett
6 vorgebrühte Bratwürste

Zubereitungszeit: 15 Minuten

1 Pflanzenfett erhitzen. Bratwürste von beiden Seiten bei schwacher Hitze darin in etwa 10 Minuten braun braten, zwischendurch mit einer Gabel einstechen, damit das Fett austritt.

Pro Portion:
E: 44 g, F: 24 g, Kh: 1 g
kJ: 1790, kcal: 428

Beilage:
Senf oder Tomaten-Ketchup, geröstete Zwiebeln, Pommes frites, Salat.

Pommes frites

Dauert länger
6 Portionen

2 kg Kartoffeln
1 kg Fritierfett
feines Salz

Zubereitungszeit: 80 Minuten

1 Kartoffeln waschen, schälen, abspülen, in gleich lange, bleistiftdicke Streifen schneiden und mit einem Küchentuch oder -papier gut abtrocknen.

2 Fritierfett in einer Friteuse auf 180 °C erhitzen, Kartoffelstreifen darin halbgar backen. Nicht zuviel Kartoffeln auf einmal in das Fett geben, da sie sich im Fett nicht berühren dürfen, außerdem kühlt das Fett zu stark ab.

3 Pommes frites mit einem Schaumlöffel herausnehmen und auf einem Durchschlag abtropfen lassen.

4 Wenn die Streifen abgekühlt sind, sie noch einmal in das heiße Fett geben, hellbraun und knusprig fritieren, mit feinem Salz bestreuen und sofort servieren.

Pro Portion:
E: 7 g, F: 50 g, Kh: 50 g
kJ: 2912, kcal: 695

Tipp:
Wenn es schneller gehen soll, tiefgekühlte Pommes frites kaufen, im Backofen nach Packungsanleitung zubereiten.

Frosch-quark

Gut vorzubereiten
8 Portionen

2 Blatt weiße Gelatine
500 g Magerquark
250 ml (¼ l) Orangensaft
150 g gesiebter Puderzucker
125 ml (⅛ l) Waldmeistersirup
Saft von 2 Zitronen
250 ml (¼ l) Schlagsahne
200 g Weingummi-Frösche

Zubereitungszeit: 25 Minuten, ohne Kühlzeit

1 Die Gelatine nach Packungsanleitung einweichen. Den Quark mit Orangensaft, Puderzucker und Waldmeistersirup glatt rühren.

2 Den Zitronensaft erhitzen, Gelatine ausdrücken, in dem Zitronensaft auflösen und unter die Quarkmasse rühren.

3 Die Sahne steif schlagen und unterheben. Die Quarkmasse in Dessertschalen füllen und einige Zeit kalt stellen.

4 Die Quarkspeise mit Weingummi-Fröschen belegen und servieren.

Pro Portion: *E: 10 g, F: 10 g, Kh: 55 g, kJ: 1513, kcal: 361*

Tipp:

Wer nicht mit Gelatine arbeiten möchte, kann auch 1 Päckchen Dessertsauce Vanille-Geschmack ohne Kochen unter den Quark rühren.

Weißes Schokofondue

Raffiniert
8 Portionen

400 g weiße Schokolade
650 ml Maracuja-Nektar
250 ml (¼ l) Schlagsahne
40 g Speisestärke

Zubereitungszeit: 15 Minuten

1 Schokolade in Stücke brechen. Maracuja-Nektar, Schokolade und 100 ml Sahne unter Rühren in einem Fonduetopf erhitzen, bis die Schokolade geschmolzen ist.

2 Übrige Sahne und Speisestärke verrühren. In die kochende Saftmischung rühren und kurz köcheln lassen.

Zum Dippen:
8 Eisfächer, 8 Biskuit-Spieße, 12 Kugeln Kokos-Mandel-Konfekt (z. B. Raffaello), 4 Berliner, in Ecken geschnitten, 100 g Cigarettes russes, 1 Mango, geschält und in Würfel geschnitten, je 8 Mini-Äpfel und -Birnen (aus der Dose) und 400 g Erdbeeren.

Beigabe:
Kirschkompott.

Pro Portion: *E: 4 g, F: 25 g, Kh: 40 g, kJ: 1736, kcal: 415*

Kartoffeln im Glitzerkleid

Preiswert
6 Portionen

1,2 kg mehlig kochende Kartoffeln (12 mittelgroße)
4 TL Speiseöl zum Bepinseln der Alufolie

Für die Quarkremoulade:
250 g Speisequark
250 g saure Sahne
2 EL Speiseöl
2 EL Kräuteressig
2 TL Senf
1 TL Salz
2 Msp. gemahlener, weißer Pfeffer
2 gestr. TL Zucker
2 EL fein geschnittener Schnittlauch
2 hart gekochte Eier
2 mittelgroße Zwiebeln
2 mittelgroße, süß-saure Essiggurken

Zubereitungszeit: 55 Minuten

1 Die Kartoffeln unter fließendem kalten Wasser abbürsten, mit Küchenpapier trockentupfen und auf der breiten Fläche kreuzweise einritzen.

2 Aus Alufolie 12 genügend große Quadrate ausschneiden und mit Öl bepinseln. Die Kartoffeln einzeln darauf legen und die Folie verschließen, so dass Päckchen entstehen.

3 Die Folienpäckchen auf ein Backblech legen und in den Backofen schieben.

Ober-/Unterhitze:
180–200 °C (vorgeheizt)
Heißluft: 160–180 °C
(nicht vorgeheizt)
Gas: etwa Stufe 3
(nicht vorgeheizt)
Backzeit: 45 Minuten.

4 Für die Quarkremoulade Quark, saure Sahne, Öl, Essig, Senf, Salz, Pfeffer und Zucker in eine Schüssel geben und alles zu einer dicklichen Sauce verrühren. Schnittlauch hinzufügen.

5 Eier und Zwiebeln pellen. Eier in grobe Stücke hacken und Zwiebeln und Gurken in sehr kleine Würfel schneiden. Die Zutaten in die Sauce geben und alles vorsichtig miteinander vermischen.

6 Die Folienpäckchen leicht andrücken, damit die eingeschnittenen Stellen auf den Kartoffeln aufplatzen.

7 Die Folie oben aufschneiden und die Quarkremoulade auf den Kartoffeln in der Folie verteilen.

Pro Portion:
E: 13 g, F: 27 g, Kh: 35 g
kJ: 1882, kcal: 449

Tipp:

Diese Kartoffeln kann man auch toll am Lagerfeuer garen. Die in Alufolie gewickelten Kartoffeln werden in die Glut gelegt. Nach 30–40 Minuten sind sie gar. Wenn es schneller gehen soll, einfach Crème fraîche mit frisch gehackten Kräutern vermischen und dazu servieren.

Früchte-Pizza

Raffiniert (Foto links)
2 Stück

Für den Teig:
siehe „Süße Hot Dogs" (unten)

Für den Belag:
2–3 EL pürierte Himbeeren
500 g vorbereitete, zerkleinerte Früchte (z. B. Nektarinen, Kiwis, Erdbeeren, Mini-Bananen)

Für den Guss:
½ Pck. gezuckerter Tortenguss, klar, 125 ml (⅛ l) Wasser

Zubereitungszeit: 30 Minuten, ohne Abkühlzeit

1 Für die Früchte-Pizza den restlichen Teig der süßen Hot Dogs (Rezept siehe unten) halbieren. Jede Hälfte zu einer Platte (Ø 20 cm) ausrollen, auf ein mit Backpapier belegtes Backblech legen, mit der restlichen Eigelbmilch bestreichen, mehrmals mit einer Gabel einstechen, sofort backen.

Ober-/Unterhitze:
etwa 180 °C (vorgeheizt)
Heißluft: etwa 160 °C (vorgeheizt)
Gas: Stufe 2–3 (vorgeheizt)
Backzeit: etwa 15 Minuten.

2 Das Gebäck lösen und abkühlen lassen.

3 Für den Belag die Gebäckstücke mit dem Himbeerpüree bestreichen und mit den Früchten belegen.

4 Für den Guss den Tortenguss nach Packungsanleitung mit dem Wasser zubereiten. Die Früchte damit bepinseln und nach Belieben garnieren.

Pro Stück:
E: 13 g, F: 10 g, Kh: 108 g
kJ: 2543, kcal: 608

Süße Hot Dogs

Dauert länger (Foto rechts)
8 Portionen

Für den Hefeteig:
500 g Weizenmehl (Type 550)
1 Pck. Trockenhefe
50 g Zucker
1 Pck. Vanillin-Zucker
2 Eier (Größe M)
1 Becher (150 g) Crème fraîche
125 ml (⅛ l) lauwarme Milch

Zum Bestreichen:
1 Eigelb (Größe M)
1 EL Milch

Für den „Ketchup":
500 g pürierte Himbeeren
1 Pck. Vanillin-Zucker
Zucker

Für den „Senf":
200 g gedünstete Aprikosen

Für die „Mayonnaise":
250 ml (¼ l) Schlagsahne
1 Pck. Sahnesteif
1 Pck. Vanillin-Zucker

Für die „Würstchen":
300 g Vollmilch-Kuvertüre
40 g Kokosfett
8 kleine Bananen

Zubereitungszeit: 2 Stunden, ohne Teiggeh- und Abkühlzeit

1 Für den Teig Mehl in eine Rührschüssel sieben und mit der Trockenhefe vermischen. Zutaten hinzufügen und mit Handrührgerät mit Knethaken zunächst auf niedrigster, dann auf höchster Stufe in etwa 5 Minuten zu einem Teig verarbeiten. *(Fortsetzung Seite 98)*

2 Den Teig zugedeckt so lange an einem warmen Ort stehen lassen, bis er sich sichtbar vergrößert hat. Den Teig auf der Arbeitsfläche nochmals kurz durchkneten. ⅔ des Teiges zu einer Rolle formen, in 8 Stücke teilen. Diese zu länglichen Brötchen formen, auf ein gefettetes Backblech legen, nochmals gehen lassen.

3 Zum Bestreichen Eigelb und Milch verschlagen. Die Teig-Brötchen damit bestreichen.

Ober-/Unterhitze: etwa 180 °C (vorgeheizt)
Heißluft: etwa 160 °C (vorgeheizt)
Gas: Stufe 2–3 (vorgeheizt)
Backzeit: etwa 20 Minuten.

4 Die Brötchen erkalten lassen, aufschneiden. Beide Hälften etwas aushöhlen.

5 Für den „Ketchup“ die Himbeeren mit dem Vanillin-Zucker verrühren und mit Zucker abschmecken.Für den „Senf“ die Aprikosen pürieren und mit Zucker abschmecken.

6 Für die „Mayonnaise“ die Sahne mit Sahnesteif und Vanillin-Zucker steif schlagen, in einen Spritzbeutel mit gezackter Tülle füllen.

7 Für die „Würstchen“ Kuvertüre mit Kokosfett auflösen. Bananen schälen, mit Kuvertüre überziehen und fest werden lassen. Die Brötchenhälften (Innenflächen) mit „Ketchup“ oder „Senf“ bestreichen, mit „Würstchen“ und „Mayonnaise“ zusammensetzen.

Pro Portion:
E: 14 g, F: 35 g, Kh: 99 g
kJ: 3357, kcal: 802

Doppelkeks-Torte

Gut vorzubereiten
6 Portionen

Für die Creme:
100 g Kokosfett
150 g weiße Schokolade
2 Eier (Größe M)
100 g gesiebter Puderzucker
1 EL Orangensaft

etwa 21 schokoladengefüllte Doppelkekse

Kakaopulver zum Bestäuben

Zubereitungszeit: 30 Minuten, ohne Kühlzeit

1 Für die Creme das Kokosfett schmelzen und abkühlen lassen. Die Schokolade grob zerkleinern und in einem kleinen Topf im Wasserbad bei schwacher Hitze zu einer geschmeidigen Masse verrühren.

2 Eier, Puderzucker und Orangensaft zu einer schaumigen Masse schlagen. Nach und nach Kokosfett und aufgelöste Schokolade unterziehen.

3 Den Boden einer Springform (Ø 20 cm) mit Backpapier belegen, mit 7 Keksen auslegen, etwas Creme darüber streichen. Dann Kekse und Creme abwechselnd in die Form schichten (die letzte Schicht sollte aus Keksen bestehen).

4 Die Torte mit Pergament- oder Backpapier zudecken und etwa 4 Stunden im Kühlschrank fest werden lassen.

5 Die Torte aus der Form lösen und das Backpapier abziehen. Die Torte auf eine Tortenplatte legen, mit Kakao bestäubt servieren.

Pro Portion:
E: 11 g, F: 47 g, Kh: 81 g
kJ: 3471, kcal: 829

Sommerliche Kuchen-party

Backen Sie lieber, als dass Sie kochen, dann finden Sie hier die richtigen Vorschläge. Laden Sie zu einem sommerlichen Kuchenbuffet ein, mit fruchtigen Törtchen, einer feinen Eissplittertorte und anderen sommerlichen Genüssen.

Rotwein-Gugelhupf

Gut vorzubereiten

Für den Rührteig:
200 g weiches Butterschmalz
150 g brauner Zucker
1 Msp. Salz
3 Eier (Größe M)
300 g Weizenmehl
1 Pck. Backpulver
200 ml lieblicher Rotwein
100 g fein geriebene Vollmilchschokolade
100 g Haselnusskrokant

Für den Guss:
150 g Vollmilch-Kuvertüre
20 g Kokosfett

Zubereitungszeit: 75 Minuten, ohne Abkühlzeit

1 Für den Rührteig Butterschmalz mit Handrührgerät mit Rührbesen auf höchster Stufe geschmeidig rühren. Nach und nach Zucker und Salz unterrühren, so lange rühren, bis eine gebundene Masse entstanden ist. Eier nach und nach unterrühren (jedes Ei etwa ½ Minute).

2 Mehl mit Backpulver mischen, sieben und abwechselnd portionsweise mit Rotwein auf mittlerer Stufe unterrühren. Schokolade und 3 Esslöffel Krokant unterrühren. Den Teig in eine gefettete Napfkuchenform (Ø 22 cm) füllen und glatt streichen. Die Form auf dem Rost auf der untersten Einschubleiste in den Backofen schieben.

Ober-/Unterhitze:
etwa 180 °C (vorgeheizt)
Heissluft: etwa 160 °C
(nicht vorgeheizt)
Gas: Stufe 2–3
(nicht vorgeheizt)
Backzeit: 50–60 Minuten.

3 Den Kuchen 10 Minuten in der Form stehen lassen, dann auf einen Kuchenrost stürzen, abkühlen lassen.

4 Für den Guss Kuvertüre in Stücke schneiden, mit Kokosfett in einem kleinen Topf im Wasserbad bei schwacher Hitze zu einer geschmeidigen Masse verrühren und den erkalteten Gugelhupf damit überziehen. Den Guss sofort mit dem restlichen Krokant bestreuen, fest werden lassen.

Insgesamt:
E: 77 g, F: 334 g, Kh: 587 g
kJ: 24922, kcal: 5954

Tipp:

Statt 200 g Butterschmalz können 250 g Butter oder Margarine verwendet werden.
Dieses Rezept kann auch als Schüttelkuchen zubereitet werden. Dazu das Fett zerlassen und etwas abkühlen lassen. Alle trockenen Zutaten in eine gut verschließbare Schüssel geben, zerlassenes Fett, Eier und Rotwein hinzufügen. Die Schüssel verschließen, mehrfach kräftig schütteln, dann alles, vor allem am Rand mit einem Schneebesen gut verrühren. Den Teig wie oben angegeben in eine Form geben und backen.

Gute-Laune-Torte

Etwas aufwändiger

Für den Knetteig:
150 g Weizenmehl
40 g Zucker
1 Pck. Vanillin-Zucker
100 g Butter oder Margarine

knapp 2 EL Waldfruchtkonfitüre

Für den Rührteig:
150 g Butter oder Margarine
150 g Zucker
1 Pck. Vanillin-Zucker
1 Prise Salz, 3 Eier (Größe M)
125 g Weizenmehl
25 g Speisestärke
1 gestr. TL Backpulver

Für die Beerenfüllung:
200 ml Wasser
100 g Zucker
600 g TK-Beeren-Cocktail
1 Pck. Tortenguss, rot
150 ml Beerensaft
50 ml Himbeergeist

Für die Sahnefüllung:
500 ml (½ l) Schlagsahne
1 Pck. Sahnesteif
1 EL Zucker
1 Pck. Vanillin-Zucker

Für den Guss:
2 Pck. Tortenguss, rot
1 EL Zucker
200 ml Himbeersirup
200 ml Wasser
75 g abgezogene, gehobelte Mandeln

Zubereitungszeit: 2 Stunden, ohne Kühlzeit

1 Für den Knetteig Mehl in eine Rührschüssel sieben. Übrige Zutaten hinzufügen. Die Zutaten mit Handrührgerät mit Knethaken zunächst kurz auf niedrigster, dann auf höchster Stufe kurz durcharbeiten.

2 Anschließend auf der Arbeitsfläche zu einem glatten Teig verkneten. Sollte er kleben, ihn eine Zeit lang kalt stellen. Den Teig auf einem gefetteten Springformboden (Ø 28 cm) ausrollen. Den Springformrand darumlegen. Die Form auf dem Rost in den Backofen schieben.

Ober-/Unterhitze:
200–220 °C (vorgeheizt)
Heißluft: 180–200 °C (vorgeheizt)
Gas: etwaStufe 4 (vorgeheizt)
Backzeit: etwa 15 Minuten.

3 Sofort nach dem Backen den Boden lösen, erst nach dem Erkalten auf eine Tortenplatte legen. Den erkalteten Boden mit Konfitüre bestreichen (1 cm am Rand frei lassen).

4 Für den Rührteig Butter oder Margarine mit Handrührgerät mit Rührbesen auf höchster Stufe geschmeidig rühren, nach und nach Zucker, Vanillin-Zucker und Salz unterrühren. So lange rühren, bis eine gebundene Masse entstanden ist. Nach und nach Eier unterrühren (jedes Ei etwa ½ Minute). Mehl mit Speisestärke und Backpulver mischen, sieben und portionsweise auf mittlerer Stufe unterrühren. Den Teig in eine Springform (Ø 28 cm, Boden gefettet) füllen, auf dem Rost in den Backofen schieben.

Ober-/Unterhitze:
etwa 180 °C (vorgeheizt)
Heißluft: etwa 160 °C (nicht vorgeheizt)
Gas: Stufe 2–3 (vorgeheizt)
Backzeit: 25–30 Minuten.

5 Den Boden aus der Form lösen und auf einem Kuchenrost erkalten lassen. Den Boden einmal waagerecht durchschneiden. Den unteren Boden auf den bestrichenen Knetteigboden legen. Den Springformrand säubern, fetten, mit Backpapier auslegen und um die beiden Böden stellen.

6 Für die Beerenfüllung aus Wasser und Zucker eine heiße Zuckerlösung herstellen. Den Beeren-Cocktail damit übergießen und auftauen lassen. In einem Sieb abtropfen lassen, dabei die Flüssigkeit auffangen und 150 ml abmessen.

7 Aus Tortenguss, Beerensaft und Himbeergeist nach Packungsanleitung einen Guss zubereiten. Die Beeren unterrühren und erkalten lassen. Die Beerenfüllung dann gleichmäßig auf den mittleren Boden geben.

8 Für die Sahnefüllung Sahne mit Sahnesteif, Zucker und Vanillin-Zucker steif schlagen, auf die Beerenfüllung geben, glatt streichen und mit dem oberen Boden bedecken.

9 Für den Guss aus Tortenguss, Zucker, Himbeersirup und Wasser nach Packungsaufschrift – aber mit den hier angegebenen Zutaten – einen Guss zubereiten und sofort auf dem oberen Boden verteilen. Die Torte etwa 2 Stunden kalt stellen.

10 Die Mandeln in einer Pfanne ohne Fett anrösten und erkalten lassen. Vor dem Servieren Springformrand und Backpapier mit Hilfe eines Messers lösen. Den Tortenrand glatt streichen und mit den Mandeln bestreuen.

Insgesamt:
E: 90 g, F: 427 g, Kh: 873 g, kJ: 33578, kcal: 8024

Tipp:

Die Torte nach Belieben mit Puderzuckerguss beschriften, mit steif geschlagener Sahne verzieren, mit Violinschlüsseln garnieren (dafür dunkle Kuvertüre auflösen, in Form von Violinschlüsseln auf Pergamentpapier spritzen und fest werden lassen).

Gefüllte Brandteigbällchen

Für Kinder
25–30 Stück

Für den Brandteig:
150 ml Wasser
1 Prise Salz
30 g Butterschmalz
100 g Weizenmehl
25 g Speisestärke
3–4 Eier (Größe M)
½ gestr. TL Backpulver

Für die Vanillecreme:
2 Eigelb (Größe M)
40 g Zucker
20 g Speisestärke
250 ml (¼ l) Milch
1 Pck. Bourbon-Vanillezucker
200 ml Schlagsahne

Für die Schokoladensauce:
150 ml Schlagsahne
150 g Halbbitter-Kuvertüre

125 g vorbereitete Himbeeren

Zubereitungszeit: 80 Minuten, ohne Abkühlzeit

1 Für den Teig Wasser mit Butterschmalz und Salz am besten in einem Stieltopf zum Kochen bringen. Mehl mit Speisestärke sieben, auf einmal in die von der Kochstelle genommene Flüssigkeit schütten und zu einem glatten Kloß rühren. Unter Rühren etwa 1 Minute erhitzen und den heißen Kloß sofort in eine Schüssel geben.

2 Nach und nach Eier mit Handrührgerät mit Knethaken auf höchster Stufe unterarbeiten. Die Eiermenge hängt von der Beschaffenheit des Teiges ab, er muss stark glänzen und so von einem Löffel abreißen, dass lange Spitzen hängen bleiben.

3 Backpulver in den erkalteten Teig arbeiten. Den Teig in einen Spritzbeutel mit großer Sterntülle füllen. Auf ein gefettetes, mit Weizenmehl bestäubtes Backblech 25–30 walnussgroße Rosetten spritzen. Das Backblech in den Backofen schieben.

Ober-/Unterhitze:
etwa 200 °C (vorgeheizt)
Heißluft: etwa 180 °C (vorgeheizt)
Gas: Stufe 3–4 (vorgeheizt)
Backzeit: 25–30 Minuten.

4 Die fertig gebackenen Bällchen auf einem Kuchenrost erkalten lassen.

5 Für die Vanillecreme Eigelb, Zucker, Speisestärke und 50 ml Milch verquirlen. Die restliche Milch mit Bourbon-Vanillezucker zum Kochen bringen und von der Kochstelle nehmen.

6 Die Eigelbmilch hinzugießen, dann unter ständigem Rühren einmal aufkochen lassen. Die Creme in eine Schüssel füllen, mit Frischhaltefolie zudecken und erkalten lassen. Sahne steif schlagen und unterheben.

7 Für die Schokoladensauce Sahne aufkochen. Kuvertüre grob zerkleinern, in die Sahne geben und unter Rühren auflösen. Einmal aufkochen und erkalten lassen.

8 Die Vanillecreme in einen Spritzbeutel mit Fülltülle geben und in die Bällchen spritzen. Die fertigen Bällchen auf einer Tortenplatte anrichten und mit der Schokoladensauce übergießen. Die Himbeeren darauf verteilen.

Pro Stück:
E: 3 g, F: 7 g, Kh: 11 g, kJ: 514, kcal: 123

Fruchtige Crème-fraîche-Schnitten

Etwas aufwändiger

Für den Knetteig:
200 g Weizenmehl
1 gestr. TL Backpulver
75 g Zucker
1 Pck. Vanillin-Zucker
1 Ei (Größe M)
75 g Butter oder Margarine

Für die Käsemasse:
4 Eiweiß (Größe M)
1 EL Zucker
1 Pck. Käsekuchen-Hilfe
450 g Crème fraîche
150 g Zucker
1 Pck. Vanillin-Zucker
4 Eigelb (Größe M)
3 Tropfen Zitronen-Aroma
200 ml Milch

Für den Belag:
1 kg vorbereitetes Beerenobst, z. B. Erdbeeren, Brombeeren, Himbeeren, Johannisbeeren
175 g gesiebter Puderzucker

750 ml (3/4 l) Schlagsahne
2 Pck. Vanillin-Zucker
3 Pck. Sahnesteif

Für den Guss:
2 Pck. Tortenguss, rot
25 g Zucker
250 ml (1/4 l) Beerenobstsaft
250 ml (1/4 l) Wasser

Zubereitungszeit: 65 Minuten, ohne Abkühlzeit

1 Für den Knetteig Mehl und Backpulver mischen und in eine Rührschüssel sieben. Zucker, Vanillin-Zucker, Ei und Butter oder Margarine hinzufügen. Die Zutaten mit Handrührgerät mit Knethaken zunächst kurz auf niedrigster, dann auf höchster Stufe kurz durcharbeiten.

2 Anschließend auf der bemehlten Arbeitsfläche zu einem glatten Teig verkneten, sollte er kleben, ihn eine Zeit lang kalt stellen. Den Teig auf einem gefetteten Backblech (30 x 40 cm) ausrollen. Einen Backrand darumstellen.

3 Für die Käsemasse Eiweiß mit Zucker steif schlagen. Käsekuchen-Hilfe, Crème fraîche, Zucker, Vanillin-Zucker, Eigelb, Zitronen-Aroma und Milch in eine Rührschüssel geben und mit Handrührgerät mit Rührbesen in etwa 1 Minute glatt rühren.

4 Den Eischnee unter die Crème-fraîche-Masse ziehen und die Masse gleichmäßig auf den Teig streichen. Das Backblech in den Backofen schieben.

Ober-/Unterhitze:
etwa 180 °C (vorgeheizt)
Heißluft: etwa 160 °C
(nicht vorgeheizt)
Gas: Stufe 2–3 (nicht vorgeheizt)
Backzeit: etwa 35 Minuten.

5 Den Boden nach dem Backen auf dem Backblech erkalten lassen.

6 Für den Belag die vorbereiteten Beeren mit Puderzucker vermengen und einige Zeit zum Saftziehen stehen lassen. Die Beeren dann in einem Sieb abtropfen lassen, dabei den Saft auffangen und 250 ml (1/4 l) für den Guss abmessen. Die Beeren gleichmäßig auf der Käsemasse verteilen.

7 Sahne mit Vanillin-Zucker und Sahnesteif steif schlagen, auf das Obst geben und glatt streichen.

8 Für den Guss Tortenguss, Zucker, Saft und Wasser nach Packungsanleitung zubereiten. Den heißen Guss sofort auf der Sahne verteilen, so dass ein Muster entsteht. Den Guss erkalten lassen.

9 Den Backrand mit Hilfe eines Messers lösen und entfernen. Das Gebäck in Schnitten schneiden, dabei das Messer zwischendurch immer wieder in heißes Wasser tauchen.

Insgesamt:
E: 104 g, F: 472 g, Kh: 842 g, kJ: 34295, kcal: 8196

Tipp:

Für einen gelben Belag 1 kg vorbereitetes Obst, z. B. Aprikosen, Pfirsiche, Mandarinen, Ananas und grüne Weintrauben auf der Käsemasse verteilen. Den Guss aus 2 Päckchen Tortenguss, klar und 500 ml (½ l) Orangensaft ohne Fruchtfleisch zubereiten.

Knetteig-Schiffchen

Raffiniert – für Kinder
etwa 12 Stück

Für den Knetteig:
200 g Weizenmehl
25 g Zucker
1 Ei (Größe M)
100 g Butterschmalz

Für den Belag:
1 Pck. Pudding-Pulver Vanille-Geschmack
40 g Zucker
500 ml (½ l) Milch
1 Pck. Bourbon-Vanillezucker
400 g Erdbeeren
125 g Heidelbeeren

Für den Guss:
1 Pck. Tortenguss, klar
2 gestr. EL Zucker
250 ml (¼ l) Wasser
25 g abgezogene, gestiftelte Mandeln

Zubereitungszeit: 100 Minuten, ohne Kühlzeit

1 Für den Knetteig Mehl in eine Rührschüssel sieben. Zucker, Ei und Butterschmalz hinzufügen. Die Zutaten mit Handrührgerät mit Knethaken zunächst kurz auf niedrigster, dann auf höchster Stufe gut durcharbeiten.

2 Anschließend auf der bemehlten Arbeitsfläche zu einem glatten Teig verkneten und etwa 30 Minuten kalt stellen.

3 Für den Belag aus Pudding-Pulver, Zucker und Milch nach Packungsanleitung einen Pudding kochen und Bourbon-Vanillezucker unterrühren. Den Pudding mit Frischhaltefolie bedecken und erkalten lassen.

4 Erdbeeren waschen, abtropfen lassen, entstielen und halbieren. Heidelbeeren putzen, waschen und abtropfen lassen.

5 Den Teig auf der bemehlten Arbeitsfläche etwa ½ cm dick ausrollen. Gefettete Schiffchenförmchen damit auslegen.

6 Den überstehenden Teig abnehmen, verkneten und neu ausrollen, bis alle Förmchen mit Teig ausgekleidet sind. Den Rand etwas andrücken und den Teig mehrmals mit einer Gabel einstechen. Die Förmchen auf dem Rost in den Backofen schieben.

Ober-/Unterhitze: etwa 200 °C (vorgeheizt)
Heißluft: etwa 180 °C (vorgeheizt)
Gas: Stufe 3–4 (vorgeheizt)
Backzeit: 15–20 Minuten.

7 Die fertig gebackenen Schiffchen in den Förmchen erkalten lassen, danach daraus lösen.

8 Den Pudding auf die Schiffchen verteilen und mit Erdbeeren und Heidelbeeren belegen.

9 Für den Guss Tortenguss, Zucker und Wasser nach Packungsaufschrift zubereiten, über die Beeren geben und fest werden lassen. Mit den Mandeln bestreuen.

Pro Stück:
E: 3 g, F: 10 g, Kh: 20 g, kJ: 809, kcal: 193

Tipp:
Wer keine Schiffchenformen hat, kann auch Tortelettförmchen verwenden. Dann reicht der Teig für 6 Förmchen.

Himbeer-Eissplitter-Torte

Sehr aufwändig

Für das Baiser:
1 Eiweiß (Größe M)
50 g Zucker

Für den Knetteig:
100 g Weizenmehl
30 g Zucker
1 Pck. Vanillin-Zucker
60 g Butter oder Margarine

Für den Biskuitteig:
1 Ei (Größe M)
3 EL heißes Wasser
30 g Zucker
3–4 Tropfen Butter-Vanille-Aroma
1 Prise Salz
25 g Weizenmehl
25 g Speisestärke

30 g Kuvertüre

Für den Belag:
300 g Himbeeren
600 ml Schlagsahne
6 Blatt weiße Gelatine
4 EL kaltes Wasser
500 g Himbeerjoghurt

400 ml Schlagsahne
2 Pck. Sahnesteif
1 Pck. Vanillin-Zucker
Zitronenmelisseblättchen

Zubereitungszeit: 2 Stunden, ohne Gefrier- und Quellzeit

1 Für das Baiser das Eiweiß steif schlagen, den Zucker unterschlagen. Die Masse etwa 1 cm dick auf ein gefettetes, mit Backpapier belegtes Backblech streichen. Das Backblech in den Backofen schieben.

Ober-/Unterhitze:
100 °C (vorgeheizt),
herunterschalten auf 80 °C
Heißluft: 60 °C
(nicht vorgeheizt)
Trockenzeit: 2–3 Stunden
(die Backofentür einen Spalt geöffnet halten)
Gas: etwa Stufe 1 (vorgeheizt)

Trockenzeit: nach etwa 30 Minuten den Backofen ausschalten, das Baiser noch etwa 20 Minuten im Backofen stehen lassen.

2 Baiser stürzen, Backpapier abziehen, Baiser erkalten lassen und grob zerbröseln.

3 Für den Knetteig Mehl in eine Rührschüssel sieben. Zucker, Vanillin-Zucker und Butter oder Margarine hinzufügen. Die Zutaten mit Handrührgerät mit Knethaken zunächst kurz auf niedrigster, dann auf höchster Stufe kurz durcharbeiten.

4 Anschließend auf der Arbeitsfläche zu einem glatten Teig verkneten. Den Teig auf dem gefetteten Boden einer Springform (Ø 26 cm) ausrollen und mehrmals mit einer Gabel einstechen. Den Springformrand darumlegen. Die Form auf dem Rost in den Backofen schieben.

Ober-/Unterhitze:
200–220 °C (vorgeheizt)
Heißluft: 180–200 °C (vorgeheizt)
Gas: etwa Stufe 4 (vorgeheizt)
Backzeit: 10–15 Minuten.

5 Den Knetteigboden sofort nach dem Backen vom Springformboden lösen, aber darauf erkalten lassen, dann auf eine Platte legen.

6 Für den Biskuitteig Ei und Wasser mit Handrührgerät mit Rührbesen auf höchster Stufe in 1 Minute schaumig schlagen. Zucker in 1 Minute einstreuen, dann noch etwa 2 Minuten schlagen. Butter-Vanille-Aroma und Salz hinzufügen.

7 Mehl mit Speisestärke mischen, auf die Eiercreme sieben und kurz auf niedrigster Stufe unterrühren. Den Teig in eine Springform (Ø 26 cm, Boden gefettet, mit Backpapier belegt) füllen und sofort backen.

Ober-/Unterhitze:
180–200 °C (vorgeheizt)
Heißluft: 160–180 °C (vorgeheizt)
Gas: etwa Stufe 3 (vorgeheizt)
Backzeit: etwa 15 Minuten.

8 Den Boden aus der Form lösen, auf einen Kuchenrost stürzen und erkalten lassen.

9 Kuvertüre in einem kleinen Topf im Wasserbad zu einer geschmeidigen Masse verrühren. Den Knetteigboden mit der Kuvertüre bestreichen und mit dem Biskuitboden bedecken. Den gesäuberten Springformrand darumlegen.

10 Für den Belag die Himbeeren verlesen (nicht waschen), einige zum Garnieren zurücklassen. Die Hälfte der Sahne steif schlagen, mit den restlichen Beeren vermengen und 1 Stunde gefrieren lassen.

11 Gelatine mit Wasser in einem kleinen Topf anrühren und 10 Minuten zum Quellen stehen lassen. Die restliche Sahne steif schlagen.

12 Gelatine unter Rühren erwärmen, bis sie gelöst ist und unter den Himbeerjoghurt rühren. Die Masse unter die vorgefrorene Himbeersahne heben. Dann restliche steif geschlagene Sahne und Baiserbrösel unterheben. Die Himbeermasse auf den Biskuitboden in die Springform geben und glatt streichen. Die Torte mindestens 4 Stunden gefrieren lassen.

13 Den Springformrand lösen. Sahne mit Sahnesteif und Vanillin-Zucker steif schlagen und den Tortenrand mit einem Teil der Sahne bestreichen. Die restliche Sahne in einen Spritzbeutel mit Tüllenring geben, Tortenoberfläche damit verzieren. Die Torte nochmals in das Gefrierfach stellen.

14 Die Torte vor dem Verzehr 3–3½ Stunden bei Zimmertemperatur stehen lassen, mit den zurückgelassenen Himbeeren und Zitronenmelisseblättchen garnieren.

Insgesamt:
E: 82 g, F: 395 g, Kh: 406 g, kJ: 23739, kcal: 5675

Tipp:

Die Torte nicht wieder einfrieren.

Eis- buffet

Hier finden Sie den Partyvorschlag für die Süßschnäbel, ein Eisbuffet mit zahlreichen kühlen Köstlichkeiten. Damit sie kühl bleiben, sollten Sie ausreichend Eiswürfel oder Trockeneis bereit halten oder die Eissorten nacheinander servieren.

Waffel-Eis-Burger

Für Kinder – schnell (Foto)
6 Portionen

400 g Himbeeren
60 g gesiebter Puderzucker
12 Toastwaffeln
6 Ananasringe (aus der Dose)
150 g Schokoladeneis
Puderzucker

Zubereitungszeit: 20 Minuten

1 Himbeeren verlesen (nicht waschen), durch ein Sieb streichen und mit Puderzucker verrühren. Die Toastwaffeln im Toaster aufbacken.

2 Die Ananasringe in einem Sieb abtropfen lassen. Das Schokoladeneis in 6 Scheiben schneiden oder Kugeln daraus formen.

3 Sechs der Waffelhälften mit je einer Scheibe oder Kugel Eis und einem Ananasring belegen. Etwas Himbeerpüree darauf träufeln und mit den restlichen Waffelhälften bedecken. Die Waffel-Eis-Burger mit Puderzucker bestäuben und mit restlichem Himbeerpüree servieren.

Pro Portion:
E: 7 g, F: 36 g, Kh: 62 g
kJ: 2625, kcal: 627

Tipp:
Statt Schokoladeneis Vanilleeis verwenden.

Zimt-Parfait

Raffiniert
6 Portionen

3 Eigelb (Größe M)
75 g Zucker
1 geh. TL gemahlener Zimt
3 EL Weinbrand
3 Eiweiß (Größe M)
1 EL Zucker
250 g Crème double
300 g vorbereitete Früchte der Saison

Zubereitungszeit: 25 Minuten, ohne Gefrierzeit

1 Eigelb und Zucker mit Handrührgerät mit Rührbesen cremig schlagen. Zimt und Weinbrand hinzufügen.

2 Eiweiß mit Zucker steif schlagen. Eischnee und Crème double vorsichtig mit der Eigelbcreme vermengen, in eine Schüssel füllen, abdecken und ins Gefrierfach stellen (am besten über Nacht).

3 Schüssel etwa 10 Minuten vor dem Verzehr herausnehmen, kurz in heißes Wasser tauchen. Zimtparfait auf eine Platte stürzen, in Scheiben schneiden und mit Früchten anrichten.

Pro Portion:
E: 5 g, F: 21 g, Kh: 23 g
kJ: 1348, kcal: 322

Tipp:
Statt mit Früchten mit einer Sauce aus pürierten Erdbeeren servieren.

Walnusseis-kranz

Aufwändig
8 Portionen

Für das Walnusseis:
5 Eigelb (Größe M)
2 EL Milch
150 g Zucker
1 Pck. Bourbon-Vanillezucker
3–5 Tropfen Bittermandel-Aroma
500 ml (½ l) Schlagsahne
evtl. etwas Amaretto
100 g gehackte, leicht gebräunte Walnusskerne

Für den Knetteig:
200 g Weizenmehl
50 g Zucker
1 Pck. Bourbon-Vanillezucker
1 gestr. TL gemahlener Zimt
1 Ei (Größe M)
100 g weiche Butter oder Margarine

Zum Bestreichen und Bestreuen:
1 Eigelb (Größe M)
1 EL Milch
2 TL Zucker
1 Prise gemahlener Zimt

Zum Verzieren und Garnieren:
50 g Zartbitter-Kuvertüre
10 g Kokosfett
Walnusskernhälften

Zubereitungszeit: 110 Minuten, ohne Gefrierzeit

1 Für das Walnusseis Eigelb mit Milch, Zucker, Bourbon-Vanillezucker und Bittermandel-Aroma im Wasserbad aufschlagen. Wenn die Masse anfängt dicklich zu werden, sie aus dem Wasserbad nehmen und kalt schlagen.

2 Die Sahne steif schlagen und unterheben. Nach Belieben mit etwas Amaretto abschmecken. Zuletzt die Walnusskerne unterheben. Die Masse in eine Kranzform (Ø 22 cm, mit etwas Speiseöl ausgestrichen, mit 1 Teelöffel Puderzucker ausgestäubt) füllen und gefrieren lassen.

3 Für den Teig das Mehl in eine Rührschüssel sieben. Die restlichen Zutaten hinzufügen, mit Handrührgerät mit Knethaken zunächst auf niedrigster, dann auf höchster Stufe gut durcharbeiten, anschließend auf der Arbeitsfläche zu einem glatten Teig verkneten. Den Teig einige Zeit kalt stellen.

4 Den Teig dünn auf einer bemehlten Arbeitsfläche ausrollen. Einen Ring (Außendurchmesser etwa 30 cm, Innendurchmesser etwa 7,5 cm) herausschneiden und auf ein mit Backpapier belegtes Backblech legen. Mit einem kleinen Messer Blätter am Rand herausschneiden und mit dem Messerrücken Blattrippen eindrücken.

5 Eigelb mit Milch verschlagen und den Teig damit bestreichen. Zucker und Zimt mischen und den Teig damit bestreuen. Aus den Teigresten Blätter formen. Das Backblech in den Backofen schieben.

Ober-/Unterhitze:
180–200 °C (vorgeheizt)
Heißluft: 160–180 °C (vorgeheizt)
Gas: etwa Stufe 3 (vorgeheizt)
Backzeit: 12–15 Minuten.

6 Den Blätterkranz vom Backblech lösen, aber darauf erkalten lassen. Vor dem Servieren den Blätterkranz auf eine Kuchenplatte legen und den Walnusseiskranz darauf stürzen.

7 Zum Verzieren Kuvertüre mit Kokosfett in einem kleinen Topf im Wasserbad zu einer geschmeidigen Masse verrühren und den Eiskranz damit verzieren. Walnusskernhälften in die restliche Kuvertüre tauchen und den Kranz damit garnieren.

Pro Portion:
E: 10 g, F: 46 g, Kh: 56 g
kJ: 2946, kcal: 704

Tipp:

Den Boden und die Blätter schon vorher zubereiten, backen und gut verpackt aufheben. Oder den Boden fertig kaufen.

Nuss-Eistorte

Gut vorzubereiten

Für den Knetteig:
250 g Weizenmehl
½ TL Backpulver, 100 g Zucker
1 Pck. Bourbon-Vanillezucker
¼ TL gemahlener Zimt
1 Ei (Größe M), 150 g Butter
100 g gemahlene, gebräunte Haselnusskerne

75 g aufgelöste Halbbitter-Kuvertüre
¼ TL gemahlener Zimt

Für die Füllung:
2 Beutel Nescafé (Tassenportion)
200 ml heißes Wasser
1¼ TL gemahlener Zimt
6 Blatt weiße Gelatine
600–750 ml Schlagsahne

Zum Verzieren und Garnieren:
250 ml (¼ l) Schlagsahne
1 Pck. Sahnesteif, 50 g Zucker
50 g gehackte Walnusskerne

Zubereitungszeit: 75 Minuten, ohne Gefrierzeit

1 Für den Teig Mehl und Backpulver mischen, in eine Rührschüssel sieben. Restliche Zutaten hinzugeben und mit Handrührgerät mit Knethaken zunächst auf niedrigster, dann auf höchster Stufe gut durcharbeiten, auf einer bemehlten Arbeitsfläche zu einem glatten Teig verkneten. Sollte der Teig kleben, ihn in Folie gewickelt 20–30 Minuten kühl stellen.

2 Den Teig dritteln. Jedes Drittel auf einem Stück Backpapier ausrollen, mit einem Tortenring (ø 26 cm) einen Boden ausstechen und mit einer Gabel mehrmals einstechen. Backpapier mit den Böden auf ein Backblech ziehen, in den Backofen schieben.

Ober-/Unterhitze:
200–220 °C (vorgeheizt)
Heißluft: 180–200 °C (vorgeheizt)
Gas: etwa Stufe 4 (vorgeheizt)
Backzeit: etwa 15 Minuten.

3 Böden auf dem Backpapier erkalten lassen, jeweils auf einer Seite mit Kuvertüre bestreichen, mit etwas Zimt bestreuen und fest werden lassen.

4 Für die Füllung Nescafé mit Wasser verrühren, erkalten lassen und Zimt hinzufügen. Gelatine nach Packungsanleitung einweichen und auflösen. Mit dem Nescafé verrühren, etwas fest werden lassen. Sahne steif schlagen, unterheben.

5 Einen Boden auf eine Platte legen, den Tortenring darumstellen, ⅓ der Sahnemasse darauf glatt streichen, zweiten Boden auflegen und mit weiterem Drittel der Sahne bestreichen. Mit letztem Boden bedecken und restlicher Sahne bestreichen.

6 Torte über Nacht gefrieren lassen. 2–3 Stunden vor dem Verzehr Torte aus dem Gefrierfach nehmen und Tortenring lösen.

7 Zum Verzieren Sahne mit Sahnesteif steif schlagen, in einen Spritzbeutel mit Lochtülle füllen und Tortenrand damit verzieren. Walnüsse auf Backpapier streuen. Zucker in einem Topf langsam karamellisieren lassen. Mit einem Teelöffel Ornamente auf die Haselnüsse sprenkeln, fest werden lassen und auf die Torte legen.

Insgesamt:
E: 150 g, F: 518 g, Kh: 460 g
kJ: 30631, kcal: 7321

Tipp:

Wer keinen Tortenring hat, kann die Torte mit einem mit Backpapier ausgelegten Springformrand (ø 26 cm) zubereiten.

Eis-roulade

Gut vorzubereiten
6 Portionen

Für die Eisroulade:
120 g Löffelbiskuits
8 EL kalter Espresso
(oder starker Kaffee)
30 g abgezogene, gemahlene Mandeln
150 g Sauerkirschkonfitüre
1 Eiweiß (Größe M)
30 g Zucker
125 ml (⅛ l) Schlagsahne
1 TL Vanillin-Zucker
1 TL Sahnesteif
1–2 EL Kirschwasser

300 g Süßkirschen
150 ml Eierlikör

Zubereitungszeit: 35 Minuten, ohne Gefrierzeit

1 Für die Eisroulade Löffelbiskuits quer in sehr dünne Scheiben schneiden und mit Espresso und Mandeln mischen. Auf einem etwa 50 cm langen Stück Backpapier in der Mitte ein 25 x 25 cm großes Quadrat markieren. Die Biskuitmasse auf das Quadrat geben und leicht andrücken. Konfitüre aufkochen, auf die Biskuitmasse träufeln und abkühlen lassen.

2 Eiweiß steif schlagen, Zucker unterrühren. Sahne mit Vanillin-Zucker und Sahnesteif steif schlagen. Kirschwasser und Eischnee unter die Sahne heben. Sahnemasse auf die Biskuitschicht streichen, dabei rundherum einen 2 cm breiten Rand frei lassen.

3 Die Biskuitschicht und Sahnemasse mit Hilfe des Backpapiers aufrollen. Das Backpapier an den Enden wie einen Bonbon zusammendrehen. Die Roulade in dem Backpapier mindestens 3 Stunden gefrieren lassen.

4 Kirschen waschen, abtropfen lassen, entstielen und entsteinen. Das Backpapier entfernen, die Eisroulade in Scheiben schneiden und mit Kirschen und Eierlikör portionsweise anrichten.

Pro Portion:
E: 5 g, F: 12 g, Kh: 46 g
kJ: 1542, kcal: 368

Tipp:

Die Eisroulade kann auch mit einem dunklen Biskuit zubereitet werden. Dann aus 3 Eiern, 1 Eigelb, 150 g Zucker, 1 Päckchen Vanillin-Zucker, 75 g Weizenmehl, 25 g Speisestärke und 20 g gesiebtem Kakaopulver einen Biskuitteig zubereiten. Den Teig auf ein mit Backpapier belegtes Backblech geben und bei Ober-/Unterhitze etwa 180°C, Heißluft etwa 160°C, Gas Stufe 2–3 (alles vorgeheizt) 10–15 Minuten backen. Nach dem Backen auf Backpapier stürzen und wie ab Punkt 2 beschrieben, weiterverarbeiten.

Himbeer-Sahne-Kuppel

Raffiniert
8 Portionen

4 Blatt weiße Gelatine
60 g Zucker
2 Eigelb (Größe M)
1 EL Zitronensaft
1 EL Orangensaft
250 ml (¼ l) Schlagsahne
2 EL Himbeergeist
200 g angetaute TK-Himbeeren

1 fertiger Biskuittortenboden
40 g Zucker
3 EL Wasser
1 EL Himbeergeist

400 ml Schlagsahne

Zubereitungszeit: 25 Minuten, ohne Gefrierzeit

1 Gelatine nach Packungsanleitung einweichen.

2 Zucker, Eigelb, Zitronen- und Orangensaft in eine Schüssel geben und mit einem Schneebesen im Wasserbad schlagen, bis eine cremeartige Masse entstanden ist. Die Schüssel aus dem Wasserbad nehmen und die Masse kalt schlagen.

3 Gelatine ausdrücken, auflösen und mit 3 Esslöffeln von der Masse verrühren. Die Gelatinemasse unter die Eigelbmasse rühren. Sahne steif schlagen und mit dem Himbeergeist unter die Masse heben.

4 Die Himbeeren (eine schöne Himbeere zum Garnieren zurücklassen) unterheben und die Masse in eine kalt ausgespülte, kuppelartige Schüssel (Ø etwa 16 cm, 1 l Inhalt) füllen, in das Gefrierfach stellen und etwa 3 Stunden gefrieren lassen.

5 Aus dem Biskuittortenboden eine Platte (Ø etwa 16 cm) ausstechen oder ausschneiden. Zucker mit Wasser aufkochen lassen und den Himbeergeist unterrühren. Den Boden damit tränken.

6 Die Schüssel kurz in heißes Wasser tauchen und auf den Boden stürzen. Etwa 1 Stunde stehen lassen. Sahne steif schlagen. Die Kuppel damit einstreichen und mit der zurückgelassenen Himbeere garnieren.

Pro Portion:
E: 12 g, F: 29 g, Kh: 50 g
kJ: 2181, kcal: 521

Tipp:

Die Reste des Biskuitbodens zerbröseln, mit etwas Himbeergeist zu einer einheitlichen Masse vermischen und zu kleinen Kugeln formen. Die Kugeln in aufgelöste, weiße Kuvertüre tauchen und auf einem Kuchenrost erkalten lassen.

Biergarten

Der Biergarten ist eine gute Gelegenheit, Freunde zu treffen und mit ihnen gemeinsam herzhafte Köstlichkeiten zu genießen. Wir wärs einmal mit Leberkäsemedaillons mit Mixed Pickles, mit Liptauer, mit einem Salat aus Cocktailwürstchen und Radieschen, mit einer Radispirale und Fladenbrot. Und zu später Stunde denken Sie, schade, dass wir morgen arbeiten müssen.

Leberkäsemedaillons mit Mixed Pickles

Einfach (Foto)
8 Portionen

8 Scheiben Leberkäse (etwa ½ cm dick)
1 Glas Mixed Pickles (285 g Abtropfgewicht)
1 Bund Petersilie
Oliven, Cocktailtomaten
Cocktailspieße

Zubereitungszeit: 20 Minuten

1 Aus dem Leberkäse mundgerechte Stücke schneiden oder ausstechen.

2 Mixed Pickles in ein Sieb geben und abtropfen lassen.

3 Das saure Gemüse in bunter Reihenfolge mit der gewaschenen Petersilie, Oliven und Cocktailtomaten aufspießen und in je ein Leberkäsemedaillon stecken.

Pro Portion: *E: 20 g, F: 33 g, Kh: 1 g, kJ: 1672, kcal: 399*

Tipp:

Dazu passt süßer Senf und Laugengebäck.
Wer möchte, kann den Leberkäse in einer heißen Pfanne kurz von beiden Seiten anbraten, dann schmeckt er noch herzhafter.

Fladenbrot

Gut vorzubereiten
2 Stück

Für den Hefeteig:
250 g Weizenmehl (Type 405)
250 g Weizenmehl (Type 1050)
1 Pck. Trockenhefe
knapp 1 gestr. TL Salz
1 gestr. TL Zucker
150 g Naturjoghurt
150 ml Milch
50 g Butterflöckchen
2 Eier (Größe M)

Zum Bestreichen und Bestreuen:
1 EL zerlassene Butter
Sesamsamen
Korianderkörner
Mohnsamen
Kümmelsamen

Zubereitungszeit: 45 Minuten, ohne Teiggehzeit

1 Für den Teig beide Mehlsorten in eine Rührschüssel geben und sorgfältig mit der Trockenhefe vermischen. Salz und Zucker hinzufügen.

2 Joghurt mit der Milch erwärmen, mit Butterflöckchen und Eiern zu dem Mehlgemisch geben. Die Zutaten mit Handrührgerät mit Knethaken zuerst auf niedrigster, dann auf höchster Stufe in etwa 5 Minuten zu einem glatten Teig verarbeiten.

(Fortsetzung Seite 130)

3 Den Teig zugedeckt an einem warmen Ort so lange stehen lassen, bis er sich sichtbar vergrößert hat. Ihn leicht mit Mehl bestäuben, aus der Schüssel nehmen, auf der Arbeitsfläche nochmals kurz durchkneten und in 2 Teile schneiden. Jedes Teigstück etwas ausrollen.

4 Den Rest mit dem Handballen je zu einem runden Fladen (etwa 2 cm dick) formen. Die Fladen auf ein mit Backpapier belegtes Backblech legen, mit Butter bestreichen. Ein Teigstück mit Sesamsamen und Korianderkörnern, ein Teigstück mit Mohn und Kümmel bestreuen.

5 Die Fladen zugedeckt an einem warmen Ort nochmals so lange stehen lassen, bis sie sich sichtbar vergrößert haben. Das Backblech in den Backofen schieben.

Ober-/Unterhitze: etwa 220 °C (vorgeheizt)
Heißluft: etwa 200 °C (vorgeheizt)
Gas: Stufe 4–5 (vorgeheizt)
Backzeit: 15–18 Minuten.

Pro Stück: *E: 46 g, F: 46 g, Kh: 190 g, kJ: 5979, kcal: 1428*

Tipp:

Fladenbrote lassen sich nach dem Backen gut einfrieren. Zum Servieren kurz antauen lassen und bei Ober-/Unterhitze etwa 200°C, Heißluft etwa 180°C, Gas Stufe 3–4, alles vorgeheizt, 5–7 Minuten wieder aufbacken.

Radi-Spirale

Klassisch
8 Portionen

2 Rettiche (à etwa 250 g)
Salz
4 gewaschene Salatblätter
halbierte Cocktailtomaten
Petersiliensträußchen

Zubereitungszeit: 15 Minuten, ohne Durchziehzeit

1 Rettiche putzen, schälen, waschen und trockentupfen. Rettiche mit dem Radischneider zu einer Spirale schneiden, mit Salz bestreuen und kurz durchziehen lassen.

2 Radi-Spirale nach Belieben auf den Salatblättern anrichten, mit Tomatenachteln und Petersiliensträußchen garnieren.

Pro Portion: *E: 1 g, F: 0 g, Kh: 1 g,, kJ: 37, kcal: 9*

Tipp:

Wer keinen Radischneider hat, kann aus dem Rettich mit Hilfe eines sehr scharfen Messers eine Ziehharmonika schneiden. Dazu den Rettich von einer Seite im Abstand von etwa 1/2 cm bis etwas über die Hälfte einschneiden. Ihn dann von der gegenüberliegenden Seite etwas versetzt ebenso einschneiden.

Liptauer Brotaufstrich

Gut vorzubereiten (Foto)
8 Portionen

80 g weiche Butter
500 g Speisequark (Topfen)
4 EL saure Sahne
2 EL Crème double
120 g gewürfelte Schalotten
2 EL gewürfelte Salatgurke
2 EL gewürfelte Essiggurke
2 TL fein gehackte Kapern
2 TL fein gehackte Sardellen
2 TL Kräutersenf
2 TL Paprikapulver edelsüß
gemahlener Kümmel
Salz
frisch gemahlener Pfeffer
4 TL gehackte Petersilie
4 EL Schnittlauchröllchen

Zubereitungszeit: 40 Minuten

1 Die Butter gut verrühren, Quark durch ein feines Sieb streichen. Saure Sahne und Crème double hinzugeben und mit Schalottenwürfeln, Salatgurkenwürfeln, Essiggurkenwürfeln, Kapern und Sardellen verrühren. Anschließend pikant mit Kräutersenf, Paprikapulver, Kümmel, Salz, Pfeffer und Petersilie abschmecken.

2 Die Quarkmasse zu einer Kuppel aufschichten und mit den Schnittlauchröllchen bestreuen.

Pro Portion: *E: 8 g, F: 19 g, Kh: 5 g, kJ: 994, kcal: 237*

Tipp:
Dazu schmeckt ein herzhaftes Bauernbrot.

Staudensellerie – pikant gefüllt

Einfach
8 Portionen

4 Scheiben Ananas (aus der Dose)
400 g Kasseler oder gekochter Schinken
300 g Doppelrahm-Frischkäse
150 g Naturjoghurt
3–4 EL Ananassaft
Salz
frisch gemahlener Pfeffer
1 Staudensellerie (etwa 8 Stangen)

Zubereitungszeit: 35 Minuten

Pro Portion: *E: 18 g, F: 22 g, Kh: 10 g, kJ: 1291, kcal: 309*

1 Ananas in ein Sieb geben, abtropfen lassen, dabei den Saft auffangen und 3–4 Esslöffel abmessen. Ananas in feine Würfel schneiden. Kasseler oder gekochten Schinken ebenfalls klein schneiden.

2 Frischkäse mit Joghurt und Ananassaft gut verrühren, mit Salz und Pfeffer würzen, mit den Ananas- und den Fleischwürfeln vermischen, evtl. noch etwas Saft hinzufügen und mit den Gewürzen abschmecken.

3 Staudensellerie putzen, die einzelnen Stangen abschneiden, gut waschen, trockentupfen, die harten Außenfäden abziehen. Die Stangen evtl. halbieren, auf einer Platte anrichten.

4 Die Creme in einen Spritzbeutel mit großer Tülle füllen und in die Staudenselleriestangen spritzen.

Salat von Cocktailwürstchen mit Radieschen

Einfach (Foto)
8 Portionen

500 g Cocktailwürstchen
1 Bund Radieschen
1 kleines Glas Gewürzgurken (190 g Abtropfgewicht)
1 grüne Paprikaschote
1 kleines Glas Silberzwiebeln (185 g Abtropfgewicht)
4 EL Essig
Salz, Pfeffer
8 EL Speiseöl
Schnittlauchröllchen

Zubereitungszeit: 30 Minuten

1 Cocktailwürstchen diagonal halbieren.

2 Geputzte, gewaschene Radieschen und abgetropfte Gewürzgurken in Scheiben schneiden, Paprikaschote vierteln, entkernen, Scheidewände entfernen. Paprikaschote waschen und fein würfeln.

3 Silberzwiebeln in ein Sieb geben, abtropfen lassen und mit den vorbereiteten Zutaten in eine Schüssel füllen.

4 Essig mit Salz und Pfeffer verrühren, Öl unterschlagen, evtl. abschmecken und die Saucen über die Salatzutaten geben. Mit Schnittlauchröllchen garniert servieren.

Pro Portion: *E: 9 g, F: 26 g, Kh: 3 g, kJ: 1218, kcal: 291*

Tipp:
Dazu passt ein kräftiges Bauernbrot. Der Salat schmeckt auch gut mit angebratenem Leberkäse.

Marinierte Champignons

Gut vorzubereiten
4–6 Portionen

500 g braune, kleine Champignons
4 Schalotten
2 Knoblauchzehen
125 ml (⅛ l) Estragonessig
250 ml (¼ l) Wasser
2 Lorbeerblätter
10 weiße Pfefferkörner
1 EL Zucker, Salz
4–5 Estragonzweige
1 Minzezweig

Zubereitungszeit: 30 Minuten, ohne Durchziehzeit

1 Champignons gründlich putzen, mit Küchenpapier abreiben, evtl. abspülen und abtropfen lassen. Pilze in kochendes Salzwasser geben, 2–3 Minuten garen, in ein Sieb geben, abtropfen lassen.

2 Schalotten und Knoblauchzehen abziehen, mit Estragonessig, Wasser, Lorbeerblättern, Pfefferkörnern, Zucker und Salz in einem Topf zum Kochen bringen. Estragon und Minze vorsichtig abspülen und in die Flüssigkeit geben.

3 Pilze hinzufügen. Den Topf von der Kochstelle nehmen und die Pilze in der Essigflüssigkeit erkalten lassen.

4 Pilze in sorgfältig gespülte Gläser mit Schraubverschluss geben, die Flüssigkeit nochmals erhitzen, darüber gießen, Gläser sofort verschließen, auf den Kopf stellen (etwa 5 Minuten). An einem kühlen Ort aufbewahren.

Pro Portion: *E: 3 g, F: 0 g, Kh: 8 g, kJ: 216, kcal: 51*

Brot-salat

Raffiniert (Foto)
8 Portionen

500 g altbackenes Fladenbrot
6 EL Olivenöl
5 Knoblauchzehen
400 g Cocktailtomaten
4 rote Zwiebeln
2 rote Paprikaschoten
1 kleine Salatgurke
1 Bund Petersilie
etwa 25 Kräuteroliven
5 EL Kürbiskerne
Salz
frisch gemahlener Pfeffer
Saft von 3–4 Zitronen

Zubereitungszeit: 50 Minuten, ohne Kühlzeit

1 Fladenbrot in etwa 1 x 1 cm große Würfel schneiden, in Olivenöl anrösten. Die Knoblauchzehen abziehen, fein würfeln. Kurz bevor die Brotwürfel fertig geröstet sind, die Knoblauchwürfel mit anbraten, abkühlen lassen.

2 Cocktailtomaten waschen, evtl. halbieren. Zwiebeln abziehen, halbieren, in dünne Scheiben schneiden. Paprika waschen, vierteln, entstielen, entkernen und die weißen Scheidewände entfernen. Die Paprikaschoten waschen und fein würfeln. Gurke putzen, waschen, vierteln, in Stücke schneiden.

3 Petersilie abspülen, abtropfen lassen, Blättchen von den Stängeln zupfen, fein hacken. Kräuteroliven und Kürbiskerne zugeben, alles in einer Schüssel mischen.

4 Mit Salz, Pfeffer und Zitronensaft würzen. Die Brotwürfel unterheben und sofort servieren.

Pro Portion: *E: 7 g, F: 16 g, Kh: 30 g, kJ: 1219, kcal: 291*

Tipp:

Salat und Brotwürfel getrennt stehen lassen, immer erst kurz vor dem Verzehr mischen.

Wurst-Käse-Salat

Einfach – klassisch
8 Portionen

500 g Fleischwurst
400 g Emmentaler Käse
4 Salzgurken
1 Bund Schnittlauch
6 EL Weinessig
1–2 TL Senf
Salz
frisch gemahlener Pfeffer
Zucker
8 EL Sonnenblumenöl
Gurkenflüssigkeit
Kopfsalat

Zubereitungszeit: 40 Minuten, ohne Durchziehzeit

1 Fleischwurst, Käse und abgetropfte Salzgurken in Streifen schneiden. Schnittlauch abspülen, trockentupfen, in Röllchen schneiden. Alles in einer Schüssel vermischen.

2 Essig, Senf, Salz, Pfeffer und Zucker verrühren, Öl und Gurkenflüssigkeit hinzufügen. Unter den Salat mengen, etwas durchziehen lassen.

3 Kopfsalat verlesen, waschen, trockenschleudern. Den Wurst-Käse-Salat auf den Salatblättern anrichten.

Pro Portion: *E: 24 g, F: 43 g, Kh: 2 g, kJ: 2174, kcal: 519*

Garnierte Schinkenplatte

Klassisch (Foto)
8–10 Portionen

200 g luftgetrockneter Knochenschinken, in Scheiben
200 g geräucherter Holsteiner Schinken, in Scheiben
150 g luftgetrocknete Mettwurst, in Scheiben
150 g Pfeffersalami, in Scheiben
300 g Kalbssülze
300–400 g Thüringer Mett

Zum Garnieren:
kleine Gewürzgurken oder Cornichons
Zwiebelringe
Radieschen
Eiszapfen (kleine weiße Rettiche)
eingelegte Maiskölbchen
Salatbätter

Zubereitungszeit: 15 Minuten

1 Die verschiedenen Schinkensorten, Mettwurst und Salami auf einer großen Platte oder einem Holzbrett anrichten.

2 Kalbssülze in dickere Scheiben schneiden, ebenfalls dazulegen.

3 Thüringer Mett zu einer Kugel formen, mit den Zwiebelringen auf die Platte geben. Mit den übrigen Zutaten garnieren.

Pro Portion:
E: 35 g, F: 35 g, Kh: 1 g
kJ: 2055, kcal: 491

Obazter

Klassisch
10 Portionen

4 mittelgroße Zwiebeln
800 g reifer Vollfettcamembert
200 g reifer Romadur
6–8 EL weiche Butter
Rosenpaprika

Zubereitungszeit: 30 Minuten

1 Die Zwiebeln abziehen, in feine Ringe schneiden.

2 Camembert in Stücke schneiden. Mit einer stabilen Gabel zerdrücken. Mit dem Romadur und der Butter am besten mit Handrührgerät mit Rührbesen gut vermengen.

3 Etwa zwei Drittel der Zwiebelmenge grob hacken und mit einem Löffel unter die Käsemasse mischen.

4 In eine Schüssel füllen und mit etwas Rosenpaprika und den restlichen Zwiebelringen garnieren.

Beilagen und Getränke:
Dazu passen kräftige Bauernbrote und Laugengebäck. Als Getränke passen helles Bier, Weizenbier oder trockener Weißwein.

Pro Portion:
E: 21 g, F: 28 g, Kh: 2 g
kJ: 1527, kcal: 365

Tipps:
Der Camembert und der Romadur sollten vor der Verwendung mindestens 1 Tag bei Zimmertemperatur gelagert werden.
Der Camembert sollte, auch wenn es etwas mühselig ist, mit einer Gabel und nicht mit dem Schneidestab zerkleinert werden, nur so erhält er die richtige Konsistenz.

Gulasch-suppe

Dauert länger (Foto)
10 Portionen

2 kg Rinderschulter (ohne Knochen)
1,2 kg Zwiebeln
4 EL Schweine- oder Butterschmalz
Salz
frisch gemahlener Pfeffer
gemahlener Kreuzkümmel
3 EL Tomatenmark
1,5 l Fleischbrühe
700 ml Rotwein

Zubereitungszeit: 2,2 Stunden

1 Rinderschulter unter fließendem kalten Wasser abspülen, trockentupfen, in Würfel schneiden.

2 Zwiebeln abziehen, halbieren, in Streifen schneiden. Etwas Schmalz zerlassen, das Fleisch portionsweise von allen Seiten anbraten, herausnehmen, beiseite stellen.

3 Die Zwiebeln in dem restlichen Schmalz andünsten (sie dürfen nicht schwarz werden, dann wird die Suppe bitter). Das Fleisch hinzufügen, mit Salz, Pfeffer und Kreuzkümmel würzen.

4 Tomatenmark unterrühren, nach und nach mit Fleischbrühe und Rotwein auffüllen, etwa 1½ Stunden garen. Die Suppe muss sämig werden.

Pro Portion:
E: 46 g, F: 32 g, Kh: 2 g
kJ: 2361, kcal: 564

Beilage:
Bauernbrot.

Tipp:
Die Suppe in einem Thermosgefäß mitnehmen. Übrig gebliebene Suppe portionsweise einfrieren.

Remouladen-sauce

Klassisch
10 Portionen

300 g Crème fraîche
2 EL Mayonnaise
300 g Joghurt
1–2 EL Senf
Salz
frisch gemahlener Pfeffer
1 Prise Zucker
4 hart gekochte, gepellte Eier (Größe M)
8 mittelgroße Gewürzgurken
1 EL Kapern
2 EL gehackte Kräuter, z. B. Petersilie, Schnittlauch, Dill, Kerbel, Kresse

Zubereitungszeit: 20 Minuten

1 Crème fraîche, Mayonnaise, Joghurt und Senf verrühren, mit Salz, Pfeffer und Zucker würzen.

2 Eier und Gewürzgurken fein würfeln, Kapern fein wiegen, zusammen mit den Kräutern zu der Mayonnaise geben, mit Pfeffer und Zucker abschmecken.

Pro Portion:
E: 6 g, F: 14 g, Kh: 4 g
kJ: 733, kcal: 175

Tipp:
Zu Kräuter-Roastbeef reichen.

Kräuter-Quark-Frikadellen

Gut vorzubereiten (Foto oben)
8 Portionen (etwa 40 Stück)

2 altbackene Brötchen (Semmeln)
1 kg Gehacktes (halb Rind-, halb Schweinefleisch)
250 g Speisequark
2 kleine Zwiebeln
2 EL fein geschnittener Schnittlauch
2 EL gehackte Petersilie
2 Eier (Größe M)
Salz, weißer Pfeffer
100 g Semmelbrösel
60 g Butterschmalz

Zubereitungszeit: 40 Minuten

1 Brötchen in kaltem Wasser einweichen. Gehacktes mit Quark in eine Schüssel geben, die gut ausgedrückten Brötchen hinzufügen.

2 Zwiebeln abziehen, fein würfeln, mit Schnittlauch, Petersilie und Eiern zu dem Fleisch geben. Mit Salz und Pfeffer würzen, gut vermengen und nochmals mit Salz und Pfeffer abschmecken.

3 Aus dem Fleischteig mit nassen Händen etwa 40 kleine Frikadellen formen und in Semmelbröseln wenden. Butterschmalz erhitzen und die Frikadellen von allen Seiten darin 3–4 Minuten braten, herausnehmen, abkühlen lassen.

Pro Portion:
E: 32 g, F: 43 g, Kh: 17 g
kJ: 2607, kcal: 622

Beilage:
Bauernbrot, Senf und Gewürzgurken.

Belegte Brote

Einfach (Foto unten)
je 4 Portionen

Für die Tomatenbrote:
4 Scheiben Bauernbrot
40 g weiche Butter
4 mittelgroße Tomaten
2 kleine Zwiebeln
Salz, frisch gemahlener Pfeffer

Für die Schnittlauchbrote:
4 Scheiben Bauernbrot
60 g Butter
4–6 EL Schnittlauchröllchen

Für die Schmalzbrote:
4 Scheiben Bauern- oder Krustenbrot
4 EL Schweine- oder Gänseschmalz
evtl. Zwiebelringe, Apfelspalten, Röstzwiebeln

Zubereitungszeit: 30 Minuten

1 Für die Tomatenbrote das Bauernbrot mit Butter bestreichen. Tomaten waschen, die Stängelansätze herausschneiden, die Tomaten in Scheiben schneiden, auf die Brote legen. Zwiebeln abziehen, in feine Scheiben schneiden, in Ringe teilen, auf den Tomaten verteilen, kräftig mit Salz und Pfeffer würzen. Die Scheiben halbieren.

2 Für die Schnittlauchbrote das Brot mit Butter bestreichen, mit den Schnittlauchröllchen bestreuen, mit der Messerklinge etwas andrücken, mit Salz würzen.

(Fortsetzung Seite 144)

3 Für die Schmalzbrote das Brot mit Schmalz bestreichen, mit Salz würzen. Nach Belieben mit Zwiebelringen, Apfelspalten oder Röstzwiebeln bestreuen.

Pro Portion:
E: 3 g, F: 13 g, Kh: 18 g
kJ: 871, kcal: 208

Tipp:
Man kann auch Harzer Käse in Scheiben schneiden und damit die Schmalzbrote belegen.

Kräuter-Roastbeef

Klassisch
10 Portionen

1,2 kg Roastbeef (im Stück)

Für die Marinade:
4 abgezogene, durchgepresste Knoblauchzehen
Salz
frisch gemahlener Pfeffer
1 Bund gehackte Petersilie
1 gehacktes Sellerieblatt
1 EL gehacktes Basilikum
1 TL gerebelter Majoran
1 TL gerebelter Thymian
125 ml (⅛ l) Speiseöl
2 TL Senf

Zubereitungszeit: 2 Std., ohne Marinierzeit

1 Roastbeef kurz unter fließendem kalten Wasser abspülen, trockentupfen und evtl. die Fettseite mit einem Messer 1 cm tief einschneiden.

2 Für die Marinade die Zutaten verrühren und das Fleisch darin über Nacht marinieren.

3 Fleisch herausnehmen, etwas trockentupfen, damit die Kräuter nicht verbrennen. Das Roastbeef in erhitztem Speiseöl in einem Bräter ringsum anbraten, Bräter ohne Deckel auf dem Rost in den Backofen schieben.

Ober-/Unterhitze: etwa 120 °C (vorgeheizt)
Heißluft: etwa 100 °C (nicht vorgeheizt)
Gas: etwa Stufe 1 (nicht vorgeheizt)
Bratzeit: etwa 2 Stunden.

4 Zwischendurch das Fleisch immer wieder mit der Marinade bestreichen.

5 Fleisch herausnehmen und 10 Minuten ruhen lassen, damit sich der Fleischsaft setzt. Fleisch in Scheiben schneiden.

Pro Portion:
E: 27 g, F: 18 g, Kh: 1 g
kJ: 1158, kcal: 277

Beilage:
Remouladensauce (Rezept Seite 140) und Baguette.

Tipp:
Kräuter-Roastbeef schmeckt lauwarm oder kalt am besten.

Mittsommer-fest

Feiern Sie wie unsere nordischen Nachbarn doch einmal den längsten Tag des Jahres mit einer reichen Auswahl an Fischrezepten und einer roten Grütze mit Vanillesauce als Abschluß.

Heringssalat

Schnell (Foto)
6 Portionen

3 Gläser (je 250 g) Bismarckheringe
10 Gewürzgurken
2 mittelgroße Zwiebeln
6 große Äpfel
500 g Schmand
etwas Zucker

Zubereitungszeit: 30 Minuten, ohne Durchziehzeit

1 Fischfilets in etwa 3 cm große Stücke schneiden.

2 Gewürzgurken in dünne Scheiben schneiden. Zwiebeln abziehen und in dünne Ringe schneiden.

3 Äpfel schälen, vierteln, entkernen und in dünne Scheiben schneiden.

4 Die vorbereiteten Zutaten in eine Schüssel geben und vermischen, mit Schmand und Zucker verrühren und zugedeckt einige Stunden (mindestens 3) in den Kühlschrank stellen. Abschmecken.

5 Nach Belieben den Salat mit Dill garnieren.

Pro Portion:
E: 19 g, F: 38 g, Kh: 18 g
kJ: 2196, kcal: 524

Tipps:

Nach Belieben kann der Heringssalat noch mit je 1 Esslöffel Meerrettich, Senf, Weinessig und 1 Prise Zucker abgeschmeckt werden. Mit Pellkartoffeln servieren.

Gemüse-Riesengarnelen-Suppe

Etwas teurer
6 Portionen

1 Pck. (200 g) TK-King Prawns
350 g Möhren, 300 g Kohlrabi
450 g kleine Kartoffeln
einige Zweige frischer Estragon
frischer Majoran
50 g Butter, 1 l Gemüsebrühe
250 ml (¼ l) trockener Weißwein
Salz, frisch gemahlener Pfeffer
Paprikapulver edelsüß

1 Becher (150 g) Crème fraîche

Zubereitungszeit: 45 Minuten, ohne Auftauzeit

Pro Portion: *E: 10 g, F: 16 g, Kh: 18 g, kJ: 1219, kcal: 291*

1 Garnelen nach Packungsanleitung auftauen lassen. Möhren, Kohlrabi und Kartoffeln waschen, putzen und schälen. Möhren und Kartoffeln in Scheiben und Kohlrabi in Stifte schneiden.

2 Kräuter waschen, trockentupfen, fein schneiden. Butter in einem großen Topf zerlassen und das Gemüse darin andünsten. Brühe zugießen, alles aufkochen lassen. Die Hälfte der Kräuter hinzufügen und die Suppe bei mittlerer Hitze etwa 20 Minuten weiter garen. Weißwein zufügen und die Suppe mit Salz, Pfeffer und Paprika abschmecken. Garnelen mit restlichen Kräutern zusammen in die Suppe geben und etwa 3 Minuten ziehen lassen.

3 Etwas von der Brühe und Crème fraîche mit einem Stabmixer aufschlagen, wieder unter die Suppe rühren und sofort servieren.

Fisch-platte

Etwas teurer
12 Portionen

200 g geräucherter Lachs (in Scheiben)
1 große Salatgurke (1 kg)
300 g Heringssalat (fertig gekauft)
12 Matjes-Röllchen (fertig gekauft)
6 Garnelenspieße
1 küchenfertiger, geräucherter Aal
600 g Riesengarnelen (ohne Schale, mit Schwanz)
Salz
Zitronensaft
1 Honigmelone
300 g Shrimps
½ rote Paprikaschote
1 EL Schnittlauchröllchen
3–4 Zitronen
1 große, milde Zwiebel
kleine Kochbananen
Dill
glatte Petersilie
Friséesalat
Chicoréeblätter
Granatapfel
Keta-Kaviar

Zubereitungszeit: 65 Minuten

1 Den Lachs auf einer großen Platte anrichten.

2 Gurke waschen, in 12 Stücke à 3 cm schneiden, oben sternförmig einstechen, etwas aushöhlen (aber Boden stehen lassen), den Heringssalat hineinfüllen.

3 Matjes- oder Heringsröllchen und Garnelenspieße auf die Platte legen.

4 Aal evtl. enthäuten und in Stücke schneiden. Riesengarnelen trockentupfen, mit etwas Salz und Zitronensaft beträufeln.

5 Honigmelone halbieren, die Kerne entfernen, mit einem Melonenausstecher kleine Kugeln aus dem Fruchtfleisch herauslösen. Die Melone sternenförmig einschneiden. Die Kugeln mit den Shrimps, etwas Zitronensaft und Salz mischen.

6 Paprikaschote halbieren, entstielen, entkernen, die weißen Scheidewände entfernen, waschen, in sehr kleine Würfel schneiden, mit den Schnittlauchröllchen zu den Shrimps geben und alles in die Melonenhälften füllen.

7 Alles dekorativ auf einer großen Platte anrichten und mit den restlichen Zutaten dekorieren.

Pro Portion:
E: 35 g, F: 16 g, Kh: 7 g
kJ: 1425, kcal: 339

Tipp:

Das sind nur einige Beispiele. Natürlich kann man auch andere Fischsorten, z. B. Forellen oder Makrelen, dazu reichen.

Schweden-happen

Schnell
16 Stück

4 Scheiben Vollkornbrot
40 g Butter
2 Bund fein geschnittener Schnittlauch
250 g Matjesfilet
1 Apfel mit roter Schale
grob gemahlener, grüner Pfeffer

Zubereitungszeit: 15 Minuten

1 Die Brotscheiben mit Butter bestreichen, in die Schnittlauchröllchen drücken und die Brotscheiben vierteln oder halbieren.

2 Matjes abtropfen lassen, in Stücke schneiden, evtl. die Gräten dabei entfernen und auf den Brotstücken anrichten.

3 Apfel waschen, vierteln, das Kerngehäuse herausschneiden, den Apfel in dünne Spalten schneiden und die Schwedenhappen damit garnieren. Mit Pfeffer bestreuen.

Pro Stück:
E: 3 g, F: 5 g, Kh: 5 g
kJ: 318, kcal: 76

Tipp:
Die Brotscheiben statt mit Butter mit Sahne-Meerrettich bestreichen.

Fischer-schnitten

Schnell
16 Stück

4 Scheiben Toastbrot
40 g Butter
260 g Ölsardinen (aus der Dose)
Zitronensaft
frisch gemahlener, schwarzer Pfeffer
2 hart gekochte Eier
rote Zwiebelringe oder Blattpetersilie

Zubereitungszeit: 20 Minuten

1 Toastbrot toasten, etwas abkühlen lassen, dann mit Butter bestreichen und vierteln.

2 Ölsardinen abtropfen lassen, evtl. halbieren, auf den Toastbrotscheiben verteilen, mit Zitronensaft beträufeln und mit Pfeffer bestreuen.

3 Eier pellen, in Scheiben schneiden, auf die Ölsardinen legen. Oder erst die Eischeiben auf das Toastbrot legen, dann die Ölsardinen. Die Schnitten nach Belieben mit Zwiebelringen oder Petersilie garnieren.

Pro Stück:
E: 4 g, F: 7 g, Kh: 3 g
kJ: 415, kcal: 99

Tipp:
Statt der Ölsardinen können auch geräucherte Makrelenfilets, Forellenfilets oder geräucherter Aal genommen werden.

Smörrebröd mit Knäcke- und Bauernbrot

Einfach
8 Portionen

1. Kalter Schweinebraten mit Rotkohl und Pfirsich

100 g Rotkohlstreifen, blanchiert
Salz, frisch gemahlener Pfeffer
etwas Essig, etwas Speiseöl
4 Scheiben Vollkornknäcke
40 g Butter
4 Pfirsichhälften (aus der Dose)
4 Scheiben Schweinebraten

2. Geräucherte Makrelenfilets mit Rührei und Kaviar

2 Eier (Größe M)
Salz
frisch gemahlener Pfeffer
40 g Butter
4 Blätter Kopfsalat
2 geräucherte Makrelenfilets
4 Scheiben rustikales Graubrot
2 EL deutscher Kaviar
1 EL Dillspitzen
frisch gemahlener Pfeffer

Zubereitungszeit : 45 Minuten, ohne Durchziehzeit

1 Für den kalten Schweinebraten Rotkohlstreifen mit Salz, Pfeffer, Essig und Öl pikant würzen und 30 Minuten durchziehen lassen.

2 Vollkornknäcke mit Butter bestreichen, aus den abgetropften Pfirsichhälften Fächer schneiden.

3 Knäckebrot mit je einer Scheibe Schweinebraten belegen, mit grobem Pfeffer bestreuen.

4 Darauf den Rotkohlsalat anrichten und mit Pfirsichfächern garnieren.

5 Für die geräucherten Makrelenfilets die Eier verquirlen, evtl. mit Salz und Pfeffer abschmecken. Butter in einer Pfanne erhitzen und die verquirlten Eier darin stocken lassen.

6 Salatblätter und Makrelenfilets auf Brotscheiben verteilen, das Rührei darauf geben, mit Kaviar und Dillspitzen garnieren. Mit Pfeffer bestreuen.

Pro Portion: *E: 12 g, F: 16 g, Kh: 18 g, kJ: 1179, kcal: 282*

Tipp:

Anstatt der Pfirsichhälften können Sie auch Apfelspalten oder Birnensechstel und Blattpetersilie verwenden.

Smörrebröd mit Bauernbrot

Klassisch
8 Portionen

16 kleine Scheiben rustikales Bauernbrot
125 g weiche Butter
etwa 16 Salatblätter
8 Scheiben magerer Speck
8 Scheiben Leberpastete
gebratene Zwiebelringe von 1 Zwiebel
8 Cornichons (aus dem Glas)
16 Scheiben Roastbeef
2 Tomaten
2 EL Meerrettich (aus dem Glas)
½ Kästchen Kresse
frisch gemahlener Pfeffer

Zubereitungszeit: 40 Minuten

1 Brotscheiben mit Butter bestreichen und mit gewaschenen, trockengetupften Salatblättern belegen.

2 Speck in einer Pfanne ohne Fett kross braten.

3 Acht Brotscheiben mit Leberpastete belegen, mit Speck, gebratenen Zwiebelringen und Cornichons garnieren.

4 Restliche Brotscheiben mit je 2 Roastbeefscheiben belegen. Tomaten waschen, trockentupfen, Stängelansätze entfernen, Tomaten in Scheiben schneiden. Meerrettich auf das Roastbeef streichen, Tomatenscheiben darauf legen, mit Kresse garnieren. Zum Schluss mit Pfeffer bestreuen.

Pro Portion: *E: 25 g, F: 56 g, Kh: 35 g, kJ: 3259, kcal: 779*

Schwedisches Knäckebrot

Raffiniert
4 Portionen

50 g Weizenmehl (Type 1050)
200 g Weizenschrot (Type 1700)
200 g Roggenschrot (Type 1800)
1 Pck. Trockenhefe
1 TL Zucker
2 TL Salz
1 TL Kümmelsamen
125 ml (⅛ l) lauwarme Milch
100 ml lauwarmes Wasser
75 g Sechskorn, grob geschrotet

Zubereitungszeit: 30 Minuten, ohne Teiggehzeit

1 Mehl in eine Rührschüssel geben und mit beiden Schrotsorten und Hefe sorgfältig vermischen. Zucker, Salz, Kümmel, Milch und Wasser hinzufügen.

2 Die Zutaten mit Handrührgerät mit Knethaken zunächst auf niedrigster, dann auf höchster Stufe in etwa 5 Minuten zu einem glatten Teig verarbeiten. Evtl. noch etwas Wasser zugeben.

3 Den Teig zugedeckt an einem warmen Ort so lange stehen lassen, bis er sich sichtbar vergrößert hat. Ihn dann aus der Schüssel nehmen, auf der Arbeitsfläche kurz durchkneten, zu einer Rolle formen, daraus 16 Stücke schneiden.

(Fortsetzung Seite 158)

4 Aus den Teigstücken Kugeln formen und an einem warmen Ort so lange stehen lassen, bis sie sich sichtbar vergrößert haben.

5 Etwas Sechskornschrot auf die Arbeitsfläche streuen. Jede Kugel darauf zu einem dünnen Fladen ausrollen, dabei häufig wenden und wieder Schrot auf die Arbeitsfläche streuen.

6 Zuletzt die Fladen mit einer Gabel mehrfach einstechen. Je 4 Fladen auf ein gefettetes Backblech legen. In den Backofen schieben.

Ober-/Unterhitze:
etwa 180 °C (vorgeheizt)
Heißluft: etwa 160 °C
(vorgeheizt)
Gas: Stufe 1–2 (vorgeheizt)
Backzeit: 15–20 Minuten, je Backblech.

Pro Portion: *E: 17 g, F: 4 g, Kh: 82 g, kJ: 1920, kcal: 459*

Kartoffel-Matjes-Auflauf

Preiswert
12 Portionen

2 kg Pellkartoffeln,
am Vortag gekocht
6 Zwiebeln
200 g durchwachsener Speck
12 Matjesfilets
2 Bund Dill
4 EL Speiseöl
Salz
frisch gemahlener, weißer Pfeffer
500 ml (½ l) Schlagsahne

Butter für die Form

Zubereitungszeit: 80 Minuten

1 Kartoffeln pellen, in Scheiben schneiden. Zwiebeln abziehen und fein würfeln, den Speck würfeln.

2 Matjesfilets quer in Streifen schneiden, evtl. die Gräten entfernen. Den Dill abspülen, trockentupfen und fein hacken.

3 Öl in einer Pfanne erhitzen und den Speck und die Zwiebeln darin glasig dünsten.

4 Eine große, feuerfeste Form oder Fettfangschale einfetten. Die Hälfte der Kartoffeln und der Zwiebelmischung in die Form füllen, die Matjesstreifen darüber verteilen und mit dem Dill bestreuen.

5 Die restlichen Kartoffeln und den Rest der Zwiebelmischung darüber geben, leicht salzen und pfeffern. Den Auflauf mit der Sahne übergießen.

6 Den Auflauf auf dem Rost in den Backofen schieben.

Ober-/Unterhitze:
etwa 200 °C (vorgeheizt)
Heißluft: etwa 180 °C
(nicht vorgeheizt)
Gas: Stufe 3–4 (nicht vorgeheizt)
Backzeit: etwa 45 Minuten.

Pro Portion:
E: 11 g, F: 35 g, Kh: 32 g
kJ: 2156, kcal: 515

Beilage:
Gemischter Blattsalat.

Tipp:
Der Auflauf schmeckt auch lauwarm gut.

Matjes-salat

Klassisch (Foto)
8 Portionen

16 Matjesfilets
6 mittelgroße Zwiebeln
6–8 Gewürzgurken
etwa 250 g gedünstete Champignonscheiben

Für die Salatsauce:
2 Becher (à 150 g) Crème fraîche
2 Becher (à 150 g) Joghurt
4 TL geriebener Meerrettich (aus dem Glas)
Salatblätter

Zubereitungszeit: 30 Minuten, ohne Durchziehzeit

1 Matjesfilets unter fließendem kalten Wasser abspülen, evtl. entgräten, in 3–4 cm große Stücke schneiden.

2 Zwiebeln abziehen, in Scheiben schneiden und in Ringe teilen. Gewürzgurken in Scheiben schneiden. Alle Zutaten mit den abgetropften Champignonscheiben vermischen.

3 Für die Salatsauce Crème fraîche mit Joghurt und Meerrettich verrühren, mit den Salatzutaten vermengen, etwas durchziehen lassen. Den Salat auf Salatblättern anrichten. Die Sauce dazu servieren.

Pro Portion: *E: 16 g, F: 28 g, Kh: 6 g, kJ: 1515, kcal: 362*

Roggen-knusperbrot

Gut vorzubereiten
etwa 24 Stück

350 g fein geschroteter Roggen
100 g Weizenmehl
1 Pck. Trockenhefe
1 gestr. TL Meersalz
350 ml lauwarmes Wasser
etwas Roggenschrot

Zubereitungszeit: 60 Minuten

1 Roggen und Weizenmehl in eine Rührschüssel geben, mit der Hefe sorgfältig mischen, Salz und Wasser hinzufügen und mit Handrührgerät mit Knethaken zunächst auf niedrigster, dann auf höchster Stufe in etwa 5 Minuten zu einem Teig verarbeiten. Den Teig an einem warmen Ort so lange stehen lassen, bis er sich sichtbar vergrößert hat.

2 Den Teig nochmals kurz durchkneten, in kleinen Portionen auf der mit Roggenschrot bestreuten Arbeitsfläche dünn ausrollen. Rechtecke (5 x 8 cm) aus dem Teig ausschneiden und auf ein mit Backpapier belegtes Backblech legen. Das Backblech in den Backofen schieben.

Ober-/Unterhitze: etwa 220 °C (vorgeheizt)
Heißluft: etwa 200 °C (vorgeheizt)
Gas: Stufe 4–5 (vorgeheizt)
Backzeit: etwa 12 Minuten.

3 Das Brot auf einem Kuchenrost erkalten lassen, sofort servieren.

Pro Stück:
E: 2 g, F: 0,3 g, Kh: 12 g, kJ: 258, kcal: 62

Tipp:
In einer gut schließenden Dose hält sich das Knusperbrot lange frisch.

Matjes-Palette

Für Gäste
8 Portionen

Für das Matjes-Tatar:
4 Matjesfilets, 10 Kapern
1 Gewürzgurke, 1 Schalotte
frisch gemahlener Pfeffer

Für Matjes in Chili:
4 Matjesfilets, 2 milde Peperoni
4 EL süße Chilisauce

Für Matjes mit Pfeffercreme:
4 Matjesfilets, 4 EL Crème fraîche
1 TL eingelegte, grüne Pfefferkörner

Für Matjes mit Pfifferlingen:
4 Matjesfilets
1 kleines Glas Pfifferlinge (Einwaage etwa 150 g)
2 EL kleine Perlzwiebeln
2 EL Sherryessig

Für Matjes mit Dill:
4 Matjesfilets, ½ Bund Dill
100 g Champignons
1 EL Weinessig

Zum Garnieren:
Kopfsalatblätter
Radicchioblätter
Gewürzgurkenscheiben

Zubereitungszeit: 40 Minuten, ohne Durchziehzeit

1 Für das Matjes-Tatar Matjes, Kapern und Gewürzgurke fein hacken. Schalotte abziehen, würfeln, untermengen, mit Pfeffer abschmecken.

2 Für Matjes in Chili Matjes fein würfeln. Peperoni entstielen und fein würfeln. Beides mit der Chilisauce vermengen.

3 Für Matjes mit Pfeffercreme Matjes fein würfeln, mit Crème fraîche und Pfefferkörnern vermengen.

4 Für Matjes mit Pfifferlingen Matjes würfeln, mit den abgetropften Pfifferlingen und Perlzwiebeln vermengen und mit Essig und Pfeffer abschmecken.

5 Für Matjes mit Dill Matjes würfeln. Dill abspülen, trockentupfen, fein hacken. Pilze putzen, mit Küchenpapier abreiben, evtl. abspülen, in Scheiben schneiden. Matjes, Dill und Pilze vermengen und mit Pfeffer und Essig pikant abschmecken.

6 Die Matjesgerichte etwa 1 Stunde im Kühlschrank durchziehen lassen und auf Salatblättern und Gurkenscheiben anrichten.

Pro Portion:
E: 17 g, F: 22 g, Kh: 4 g
kJ: 1252, kcal: 299

Tipp:
Frisches Bauernbrot und Butter dazu reichen.

Rote Grütze mit Sahnejoghurt

Klassisch (Foto)
10 Portionen

Für die rote Grütze:
1,5 kg Erdbeeren
500 g Rhabarber
500 g schwarze Johannisbeeren
300 g Zucker
120 g Perl-Sago
350 g verlesene Himbeeren
evtl. Zucker

Für den Sahnejoghurt:
250 ml (¼ l) Schlagsahne
500 g Joghurt, leicht gesüßt

3–4 EL Schokoladenstreusel

Zubereitungszeit: 50 Minuten

1 Für die rote Grütze Erdbeeren waschen, entstielen, 250 g beiseite stellen. Rhabarber putzen, waschen, in etwa 1,5 cm lange Stücke schneiden. Johannisbeeren von den Rispen streifen, waschen.

2 Das Obst mit Zucker zum Kochen bringen, etwa 5 Minuten köcheln lassen.

3 Perl-Sago unter Rühren einstreuen, zum Kochen bringen, etwa 20 Minuten ausquellen lassen.

4 Himbeeren mit den beiseite gestellten Erdbeeren hinzufügen, die Grütze zum Kochen bringen, 1–2 Minuten kochen lassen, evtl. mit Zucker abschmecken, dann erkalten lassen.

5 Für den Sahnejoghurt Sahne steif schlagen und unter den Joghurt heben.

6 Sahnejoghurt auf bzw. an die Grütze geben und mit Schokoladenstreuseln bestreuen.

Pro Portion:
E: 5 g, F: 11 g, Kh: 62 g
kJ: 1625, kcal: 389

Tipp:
Mit Zitronenmelisseblättchen garnieren. Anstelle des leicht gesüßten Joghurts kann auch eine klassische Vanillesauce dazu serviert werden.

Vanillesauce

Klassisch
10 Portionen

2 Pck. Saucen-Pulver Vanille-Geschmack, 60 g Zucker
1 l Milch
250 ml (¼ l) Schlagsahne

Zubereitungszeit: 10 Minuten, ohne Kühlzeit

1 Aus Saucen-Pulver, Zucker und Milch nach Packungsanleitung eine Sauce zubereiten, kalt stellen, ab und zu durchrühren.

2 Schlagsahne fast steif schlagen, unter die erkaltete Sauce heben.

Pro Portion:
E: 4 g, F: 11 g, Kh: 18 g
kJ: 817, kcal: 195

Tipp:
Vanillesauce ist ein perfekter Begleiter für Grützen, Obstsalate, Bratäpfel, warmen Apfelkuchen und Apfelstrudel.

Grill & Barbecue

Gegrillt wird eigentlich, sobald es warm genug ist. Veranstalten Sie doch mal ein zünftiges Barbecue: mit gewürzten Hähnchenflügeln, Lammchops und Spareribs, dazu Maiskolben und würzige Saucen. Ob nun im Garten oder mit Billigung der Nachbarn auf dem Balkon, die notwendigen Rezepte finden Sie hier. Und wenn Sie eingeladen sind, können Sie die Saucen auch als Geschenk mitnehmen.

Lammchops mit Estragon-Crème-fraîche

Etwas teurer (Foto)
8 Portionen

1 kg Lammrücken, ohne Knochen, aber mit einem dünnen Fettrand
Salz
frisch gemahlener Pfeffer
etwas Speiseöl
250 g Crème fraîche
fein gehackte Estragonblättchen
2–3 Knoblauchzehen

Zubereitungszeit: 30 Minuten

1 Das Fleisch unter fließendem kalten Wasser abspülen, trockentupfen, in 3–4 cm dicke Scheiben schneiden, evtl. mit je 1 Speckstreifen umlegen (wenn das Fleisch nicht genügend Fettrand hat), mit Küchengarn umwickeln, so dass es eine runde Form hat, salzen, pfeffern und mit Öl bepinseln.

2 Die Lammchops auf den heißen Grillrost legen und von jeder Seite 4–5 Minuten grillen.

3 Crème fraîche mit Estragon und abgezogenen, durchgepresstem Knoblauch würzen, zu den Lammchops reichen.

Pro Portion: *E: 24 g, F: 27 g, Kh: 2 g, kJ: 1569, kcal: 375*

Tipp:
Dazu passen Salat und Ofenkartoffeln.

Chimmi-Churi

Gut vorzubereiten
12 Portionen

3 mittelgroße, rote Zwiebeln
6–7 Knoblauchzehen
je 1 rote und grüne Paprikaschote
1 Bund Petersilie
2 TL Paprikapulver rosenscharf
1 EL gerebelter Thymian
1 TL Zucker
2 TL Salz
1–2 TL Cayennepfeffer
1–2 TL frisch gemahlener, weißer Pfeffer
500 ml (½ l) Sonnenblumenöl

Zubereitungszeit: 20 Minuten, ohne Durchziehzeit

1 Zwiebeln und Knoblauch abziehen und in feine Würfel schneiden. Paprika halbieren, entstielen, entkernen, die weißen Scheidewände entfernen, Schoten waschen und ebenfalls in feine Würfel schneiden.

2 Petersilie abspülen, trockentupfen und fein hacken.

3 Zwiebeln, Knoblauch und Petersilie mit Paprika, Thymian, Zucker, Salz und Cayennepfeffer mischen. Das Ganze mit Öl übergießen. Die Masse muss vollständig mit Öl bedeckt sein.

4 Das Chimmi-Churi 24 Stunden durchziehen lassen.

Pro Portion: *E: 1 g, F: 42 g, Kh: 2 g, kJ: 1666, kcal: 398*

Tipp:
Chimmi-Churi passt sehr gut zu gegrilltem Fleisch oder zu geröstetem Baguette. Es ist 3–4 Wochen haltbar.

Spicy Chicken Wings

(Pikante Hähnchenflügel)
Preiswert (Foto)
8 Portionen

24 Hähnchenflügel
6 EL Olivenöl

Für die Barbecue-Sauce:
5 EL Tomatenketchup
1 EL Essig, Saft von 2 Limonen
3 Knoblauchzehen
1 EL brauner Zucker
2 EL Honig
Salz, frisch gemahlener Pfeffer
1 Prise Cayennepfeffer
Tabascosauce
125 g Steak- & Grill-Butter oder Kräuterbutter

Zubereitungszeit: 35 Minuten

1 Den Grill vorheizen. Hähnchenflügel kurz abspülen und trockentupfen, auf eine Platte legen, mit Öl bestreichen. Restliches Olivenöl dazugeben, die Flügel wenden und leicht salzen. Die Flügel auf Alufolie auf den heißen Grill legen. Bei mittlerer Hitze unter mehrmaligem Wenden 10–12 Minuten grillen.

2 Für die Barbecue-Sauce in der Zwischenzeit Ketchup, Essig, Limonensaft, die abgezogenen, zerdrückten Knoblauchzehen, Zucker und Honig mischen und mit Salz, Pfeffer, Cayennepfeffer und Tabasco abschmecken.

3 Die Hähnchenflügel mit einem Drittel der Sauce bestreichen. Wiederholen, sobald die Sauce eingedickt und glasiert ist.

4 Die Flügel auf einer Platte anrichten, die Steak- & Grill-Butter oder Kräuterbutter in dünne Scheiben schneiden und jeweils eine Scheibe auf jeden Flügel geben.

Pro Portion: *E: 23 g, F: 25 g, Kh: 12 g, kJ: 1555, kcal: 372*

Maiskolben mexikanische Art

Raffiniert
8 Stück

4 große Maiskolben (aus der Dose)
40 g Butter
1 Chilischote, in feine Würfel geschnitten
Salz, frisch gemahlener Pfeffer
gemahlener Kümmel
16 kleine Holzspießchen

Zubereitungszeit: 20 Minuten

1 Maiskolben in ein Sieb geben und gut abtropfen lassen. Anschließend halbieren.

2 Butter erhitzen, Chiliwürfel und Maiskolben darin leicht anbraten.

3 Maiskolben mit Salz, Pfeffer und Kümmel würzen, mit je 2 Holzspießchen (links und rechts des Kolbens, dient als „Anfasser") versehen und servieren.

Pro Stück: *E: 5 g, F: 6 g, Kh: 33 g, kJ: 906, kcal: 216*

Thunfisch-scheiben

Gut vorzubereiten
8 Portionen

Für die Marinade:
5 EL Estragonessig
8 EL Distelöl
8 Schalotten
2 Knoblauchzehen
Salz
frisch gemahlener Pfeffer
2 EL gehackte Estragonblättchen

8 Thunfischscheiben
(je etwa 150 g)

Für die Kräuterbutter:
200 g weiche Butter
1 Bund Estragon
1 Bund Petersilie
1–2 TL Zitronensaft
Salz
frisch gemahlener Pfeffer
einige Tropfen Worcestersauce

Zubereitungszeit: 30 Minuten, ohne Marinierzeit

Pro Portion: *E: 31 g, F: 35 g, Kh: 6 g, kJ: 1999, kcal: 477*

1 Für die Marinade Essig mit Öl verrühren.

2 Schalotten und Knoblauchzehen abziehen, Schalotten und 1 Knoblauchzehe fein hacken und zur Essig-Öl-Mischung geben. Anschließend mit Salz, Pfeffer und Estragon würzen.

3 Thunfischscheiben unter fließendem kalten Wasser abspülen, trockentupfen, in eine Schüssel geben und mit der Marinade übergießen. Zugedeckt für 5–6 Stunden in den Kühlschrank stellen.

4 Für die Kräuterbutter die Butter geschmeidig rühren. Estragon und Petersilie abspülen, trockentupfen, die Blättchen von den Stängeln zupfen, sehr fein hacken und unter die Butter rühren.

5 Zitronensaft, Salz, Pfeffer und Worcestersauce unter die Butter rühren. Die zurückgelassene Knoblauchzehe durch die Knoblauchpresse drücken und in die Butter geben.

6 Buttermischung zu kleinen Kugeln formen. Im Kühlschrank gut durchkühlen lassen.

7 Die Thunfischscheiben aus der Marinade nehmen, abtropfen lassen, etwas abtupfen, auf den heißen Grillrost legen und von jeder Seite etwa 5 Minuten grillen.

8 Die garen Thunfischscheiben auf vorgewärmten Tellern anrichten, jeweils 2 Kugeln Butter darauf legen und sofort servieren.

Tipp:

Als Beilage Folienkartoffeln servieren.

Spareribs »Ranchero«

Preiswert (Foto)
8 Portionen

3 kg Spareribs

Für die Marinade:
5 EL Speiseöl
3 EL Chilisauce
4 EL Sojasauce
2 EL Honig
2 EL körniger Senf
Chilipulver
Currypulver
Paprikapulver edelsüß
Salz
1 Rolle (125 g) Steak- & Grill-Butter oder Kräuterbutter

Zubereitungszeit: 40 Minuten, ohne Durchziehzeit

1 Spareribs unter fließendem kalten Wasser abspülen und trockentupfen.

2 Für die Marinade Öl, Chili-, Sojasauce, Honig und Senf verrühren und mit den Gewürzen pikant abschmecken. Die Rippchen damit einstreichen, etwa 2 Stunden durchziehen lassen.

3 Die Spareribs auf dem heißen Grillrost unter gelegentlichem Wenden knusprig grillen.

4 Steak- & Grill-Butter oder Kräuterbutter in Scheiben schneiden und auf den Spareribs schmelzen lassen.

Pro Portion: *E: 26 g, F: 34 g, Kh: 8 g, kJ: 1952, kcal: 466*

Tipp:

Die Spareribs nach Wunsch mit Cocktailtomaten anrichten. Sehr gut schmecken auch Hähnchenflügel mit dieser Marinade.

Rauchige Barbecuesauce

Raffiniert (Foto)
4 Portionen

1 Zwiebel
1 Knoblauchzehe
2 EL Olivenöl
2 EL Weinessig
125 ml (⅛ l) Fleischbrühe
1 EL englisches Senfpulver
2 EL brauner Zucker
1 Scheibe Zitrone (unbehandelt)
1 Lorbeerblatt
1 Prise Cayennepfeffer
2 EL Worcestersauce
6 EL Tomatenketchup
2 EL Tomatenmark
Salz, frisch gemahlener Pfeffer

Zubereitungszeit: 45 Minuten

1 Zwiebel und Knoblauch abziehen und fein würfeln. In einem Topf Öl erhitzen, Zwiebel- und Knoblauchwürfel andünsten.

2 Essig, Brühe, Senfpulver, Zucker, Zitronenscheibe, Lorbeerblatt, Cayennepfeffer zugeben. Alles langsam zum Kochen bringen und 15 Minuten schwach kochen lassen.

3 Die restlichen Zutaten einrühren, mit Salz und Pfeffer würzen. 5 Minuten bei schwacher Hitze kochen lassen. Zitronenscheibe und Lorbeerblatt herausnehmen und die Sauce erkalten lassen.

Pro Portion:
E: 3 g, F: 8 g, Kh: 18 g, kJ: 654, kcal: 156

Schaschlick mit Leber

Raffiniert
8 Portionen

600 g Schweineschulter
400 g Leber (nicht zu dünn)
4 Tomaten oder 16 Cocktailtomaten
4 Zwiebeln
250 g durchwachsener Speck
einige Essiggurken
6–8 EL Speiseöl
Schaschlik-Gewürz

Zubereitungszeit: 40 Minuten

1 Schweineschulter und Leber unter fließendem kalten Wasser abspülen und trockentupfen. Tomaten waschen und abtrocknen, Stängelansätze herausschneiden. Zwiebeln abziehen.

2 Die vorbereiteten Zutaten, den Speck und die Essiggurken in Stücke oder Scheiben von gewünschter Größe (am besten gut 3 cm groß) schneiden und in beliebiger Reihenfolge auf 8 Grillspieße stecken.

3 Die Spieße mit Öl bestreichen. Einen Grillrost mit Alufolie belegen, die Spieße darauf legen und von beiden Seiten etwa 10 Minuten grillen. Zwischendurch mit Öl bestreichen.

4 Die Spieße nach dem Grillen mit Schaschlik-Gewürz bestreuen.

Pro Portion:
E: 28 g, F: 43 g, Kh: 3 g
kJ: 2261, kcal: 540

Bulgarische Kräuterspieße

Gut vorzubereiten
8 Stück

300 g Hackfleisch (halb Lamm-, halb Schweinefleisch)
1 Ei (Größe M)
80 g Vollkorn-Semmelbrösel
1 Zwiebel, 1 Knoblauchzehe
2 TL Paprikapulver edelsüß
Salz, Pfeffer
je 2 kleine grüne und rote Paprikaschoten
200 g feste braune Champignons
1 weiße Zwiebel
8 Zitronenmelisseblättchen
16 Kerbelzweige
8 Pimpinelleblättchen
4 frische Thymianzweige
Maiskeimöl

Zubereitungszeit: 40 Minuten

1 Fleisch mit Ei und Semmelbröseln vermengen. Zwiebel und Knoblauchzehe abziehen, fein würfeln, zu der Fleischmasse geben, gut vermengen, würzen, aus dem Teig mit nassen Händen 24 Bällchen formen.

2 Paprika halbieren, entstielen, entkernen, weiße Scheidewände entfernen. Schoten waschen, in Achtel schneiden, nochmals quer halbieren. Champignons putzen, mit Küchenpapier abreiben, vierteln. Zwiebel abziehen, in Achtel schneiden, nochmals quer halbieren.

3 Die Kräuter abspülen, trockentupfen. Die Fleischbällchen abwechselnd mit den Paprika- und Pilzstücken sowie den Zwiebelstücken und den Kräutern auf Spieße stecken, mit Öl bestreichen, auf den heißen Grillrost legen, von jeder Seite 5 Minuten grillen.

Pro Stück:
E: 11 g, F: 12 g, Kh: 11 g
kJ: 892, kcal: 213

Habitat

Stock-brot

Raffiniert (Foto)
12 Stück

1 kg Weizenmehl
3 Pck. Trockenhefe
1 TL Zucker
2 TL Salz
½ TL grober Pfeffer
1 Zweig Rosmarinnadeln
1 TL Kräuter der Provence
500 ml (½ l) lauwarmes Wasser

Zubereitungszeit: 60 Minuten, ohne Teiggehzeit

1 Mehl in eine Rührschüssel sieben, mit Trockenhefe sorgfältig vermischen. Die restlichen Zutaten hinzufügen.

2 Die Zutaten mit Handrührgerät mit Knethaken zunächst auf niedrigster, dann auf höchster Stufe in etwa 5 Minuten zu einem Teig verarbeiten. Den Teig zugedeckt so lange an einem warmen Ort stehen lassen, bis er sich sichtbar vergrößert hat.

3 12 Stöcke (80–100 cm lang) mit Alufolie umwickeln, aus dem Teig 12 lange Rollen formen und jeweils an der Spitze beginnend um die Stöcke wickeln.

4 Das Stockbrot am Stockende in die heiße Glut halten und 10–15 Minuten backen.

Pro Stück:
E: 9 g, F: 1 g, Kh: 61 g
kJ: 1281, kcal: 306

Tipp:
Stockbrot lässt sich besonders gut im offenen Lagerfeuer backen oder direkt in der Glut des Grills.

Tomaten aus der Folie

Vegetarisch
8 Portionen

8 Fleischtomaten
Kräutersalz, Pfeffer
gut 2 Tassen gekochter Langkornreis
2 EL gehackte Petersilie
2 EL gehackte Basilikumblättchen
2 EL geriebener Emmentaler Käse
50 g Butterflöckchen
2–3 EL geriebener Parmesankäse
8 Stücke Alufolie, Speiseöl

Zubereitungszeit: 35 Minuten

1 Tomaten waschen, abtrocknen, einen Deckel abschneiden, das Innere mit einem Löffel aushöhlen (evtl. für Sauce verwenden). Die Tomaten innen mit Salz und Pfeffer würzen.

2 Gekochten Reis mit Petersilie, Basilikum und Käse mischen, mit Salz und Pfeffer würzen. Die Masse in die Tomaten füllen, mit Butterflöckchen belegen, mit Parmesan bestreuen. Die Deckel wieder aufsetzen.

3 Alufolie mit Öl bestreichen, jeweils 1 Tomate darin einpacken. Die Päckchen auf den heißen Grillrost legen, 5–6 Minuten grillen, umdrehen, weitere 5–6 Minuten grillen.

Pro Portion:
E: 4 g, F: 9 g, Kh: 13 g
kJ: 649, kcal: 155

Spareribs in Maplemarinade

Preiswert (Foto)
8 Portionen

2 kg Schweinerippe
250 ml Maplesirup (Ahornsirup)
4 EL brauner Zucker
4 EL Tomaten-Ketchup
2–3 EL Essig
2 EL Worcestersauce
1 TL Salz, Pfeffer
1 TL Senfpulver

Zubereitungszeit: 35 Minuten, ohne Marinierzeit

1 Rippe evtl. in Portionen schneiden, unter fließendem kalten Wasser abspülen, trockentupfen.

2 Sirup mit Zucker, Ketchup, Essig, Worcestersauce, Salz, Pfeffer und Senfpulver verrühren, zum Kochen bringen. Die Marinade über die Rippchen geben, 2–3 Stunden im Kühlschrank marinieren.

3 Die Rippchen auf den heißen Grillrost legen, 15–20 Minuten grillen, zwischendurch mit Marinade bestreichen.

Pro Portion:
E: 48 g, F: 30 g, Kh: 42 g
kJ: 2668, kcal: 637

Beilage:
Ananas-Chutney (Rezept siehe unten), Folienkartoffeln und gegrillte Zucchini.

Ananas-Chutney

Gut vorzubereiten
10 Portionen

1 große, frische Ananas
4 mittelgroße Zwiebeln
50 g Ingwerwurzel
200 g Rosinen
250 g brauner Zucker
Salz, 2 TL Currypulver
Cayennepfeffer
2 EL Zitronensaft
250 ml (¼ l) Weinessig
1 Pck. Einmach-Hilfe

Zubereitungszeit: 1 Stunde

1 Die Ananas schälen, die Zwiebeln abziehen, beide Zutaten in feine Würfel schneiden. Ingwerwurzel schälen und ebenfalls fein würfeln.

2 Zutaten mit Rosinen, Zucker, Salz, Currypulver, Cayennepfeffer, Zitronensaft und Weinessig etwa 45 Minuten dünsten lassen (Flüssigkeit muss fast verdampft sein).

3 Das Chutney evtl. nochmals mit Salz, Zucker, Cayennepfeffer, Currypulver, Zitronensaft abschmecken, Einmach-Hilfe unterrühren, das Chutney in gut gesäuberte Gläser füllen oder heiß in Schraubverschlussgläser (Twist-off-Deckel) füllen, sofort verschließen, 5 Minuten auf den Deckel stellen.

Pro Portion:
E: 1 g, F: 0 g, Kh: 46 g
kJ: 867, kcal: 207

Tipp:
Schmeckt gut zu Spareribs.

Steckerlfisch mit Wermut

Raffiniert (Foto)
8 Portionen

16 Weißfische oder 8 kleine Makrelen oder 8 Heringe (ausgenommen)
Salz
50 g Weizenmehl
100 g weiche Butter
4 EL Wermut (Noilly Prat)
1 TL Salz
frisch gemahlener, weißer Pfeffer
getrocknete Wermutblätter (aus der Apotheke)

Zubereitungszeit: 40 Minuten

1 Fische unter fließendem kalten Wasser abspülen, mit Haushaltspapier trockentupfen, salzen und in Mehl wenden.

2 Butter mit Wermut, Salz und Pfeffer verrühren. Die Buttermischung in die Bauchhöhle geben. Jeden Fisch mit einem langen Holzspieß durch die Maulöffnung bis zum Schwanz aufspießen, an diesem Stecken über die Glut halten, dabei ständig drehen.

3 Von Zeit zu Zeit Wermutblätter in die Glut werfen. Je nach Größe und Fischart ist der Fisch in 10–15 Minuten gar.

Pro Portion:
E: 60 g, F: 19 g, Kh: 6 g
kJ: 2058, kcal: 492

Tipp:
Am besten spießen Sie die Fische auf Haselnussgerten. Sie können sie auch an der Bauchöffnung vorsichtig zusammenstecken oder -nähen. Dazu passt gut Bier und Laugengebäck.

Gegrillte Maiskolben

Klassisch
8 Portionen

8 Maiskolben (aus der Dose)
100 g Butter
8 Stücke Alufolie
Salz

Zubereitungszeit: 15 Minuten

1 Maiskolben in ein Sieb geben, abtropfen lassen, trockentupfen. Butter zerlassen. Alufolie mit etwas von der Butter bestreichen. Je 1 Maiskolben auf jedes Stück Folie legen, mit der restlichen Butter bestreichen, mit Salz bestreuen.

2 Die Folie verschließen, die Päckchen auf den heißen Grillrost legen. 5–6 Minuten grillen, wenden, weitere 5–6 Minuten grillen.

Pro Portion:
E: 6 g, F: 12 g, Kh: 33 g
kJ: 1150, kcal: 276

Tipp:
Wer frische Maiskolben verwenden möchte, kann die geputzten Maiskolben etwa 20 Minuten in Wasser (ohne Salz) vorgaren, dann abtropfen lassen.

Tomaten-Paprika-Ketchup

Für Kinder (Foto)

1 kg Fleischtomaten
8 mittelgroße Zwiebeln
100 g Knollensellerie
250 g rote Paprikaschoten
250 g grüne Paprikaschoten
100 g brauner Zucker
1 EL Salz
1 TL Paprika edelsüß
1 TL Cayennepfeffer
1 TL frisch gemahlener, schwarzer Pfeffer
125 ml (⅛ l) Weinessig
1 Pck. Einmach-Hilfe

Zubereitungszeit: 70 Minuten

1 Fleischtomaten waschen, Stängelansätze herausschneiden. Zwiebeln abziehen, Sellerieknolle putzen, schälen und waschen. Paprika halbieren, entstielen, entkernen und die weißen Scheidewände entfernen. Schoten waschen.

2 Das Gemüse in Stücke schneiden, mit Zucker, Salz, Paprika, Cayennepfeffer, Pfeffer und Essig etwa 45 Minuten dünsten, anschließend durch ein Sieb streichen.

3 Die Masse nochmals so lange kochen lassen, bis sie dicklich ist und mit den Gewürzen abschmecken. Einmach-Hilfe unterrühren.

4 Den Ketchup in gründlich gereinigte und gespülte Gläser oder Flaschen füllen, sofort mit Twist-off-Deckeln verschließen und 5 Minuten auf den Deckeln stehen lassen.

Insgesamt:
E: 21 g, F: 5 g, Kh: 167 g
kJ: 3463, kcal: 828

Kräuter-Tomaten-Dip

Schnell
6 Portionen

6 Sardellenfilets, 2 EL Kapern
15 grüne spanische Oliven, mit Paprika gefüllt
4 Eigelb (Größe M)
1 TL scharfer Senf
1–2 EL Obstessig, Salz, Pfeffer
125 ml (⅛ l) Speiseöl
4–5 EL gemischte, gehackte Kräuter
4 enthäutete Tomaten

Zubereitungszeit: 25 Minuten

1 Sardellenfilets evtl. wässern und trockentupfen. Sardellen, Kapern und Oliven sehr fein hacken, mit Eigelb, Senf und Obstessig verrühren, mit Salz und Pfeffer würzen.

2 Öl esslöffelweise unterrühren, Kräuter hinzufügen. Tomaten halbieren, die Stängelansätze herausschneiden, die Tomaten entkernen, in Stücke schneiden und über den Dip geben.

Pro Portion:
E: 15 g, F: 35 g, Kh: 2 g
kJ: 1514, kcal: 362

Tipp:
Zu Folienkartoffeln oder rohem Gemüse reichen. Wenn es schneller gehen soll, Mayonnaise aus dem Glas nehmen und die Sardellenfilets, Kapern, Oliven, Kräuter und Tomaten unterrühren.

Kartoffelsalat »Leichte Art«

Vegetarisch
6 Portionen

1,2 kg fest kochende Kartoffeln
Salz, Kümmelsamen
6 gehäutete Tomaten
1 Zucchini
2 Stangen Staudensellerie

Für das Dressing:
2 Bund Schnittlauch in Röllchen
500 g Joghurt
Pfeffer, Zucker
1 EL Kürbiskernöl

Zubereitungszeit: 70 Minuten, ohne Abkühlzeit

1 Kartoffeln waschen mit Salz und Kümmel würzen und zugedeckt etwa 25 Minuten garen. Die Kartoffeln leicht auskühlen lassen, pellen und in Scheiben schneiden.

2 Aus den Tomaten die Stängelansätze herausschneiden, die Tomaten vierteln, entkernen und in Würfel schneiden.

3 Zucchini waschen, die Enden abschneiden, die Zucchini in feine Scheiben hobeln. Staudensellerie putzen, waschen, die harten Außenfäden abziehen und den Sellerie in Scheiben schneiden. Selleriescheiben 1 Minute in kochendem Wasser blanchieren, kalt abschrecken, abtropfen lassen.

4 Für das Dressing Schnittlauch mit Joghurt, Salz, Pfeffer, Zucker und Öl verrühren.

Pro Portion:
E: 9 g, F: 6 g, Kh: 40 g
kJ: 1042, kcal: 249

Tipp:
Nach Belieben 4 Eier 7 Minuten kochen lassen, abschrecken, pellen, in Sechstel schneiden und hinzufügen.

Paprikasalat mit Schafskäse

Schnell
6 Portionen

4 grüne Paprikaschoten
500 g Tomaten
3 Gemüsezwiebeln
350 g Schafskäse

Für die Salatsauce:
3–4 EL Essig
Salz, Pfeffer
6 EL Speiseöl
3 EL Schnittlauchröllchen

Zubereitungszeit: 25 Minuten

1 Paprikaschoten halbieren, entstielen, entkernen, die weißen Scheidewände entfernen, Schoten waschen und in Streifen schneiden. Tomaten kurze Zeit in kochendes Wasser legen (nicht kochen lassen), in kaltem Wasser abschrecken, enthäuten, Stängelansätze herausschneiden und Tomaten achteln.

2 Gemüsezwiebeln abziehen, halbieren und in Scheiben schneiden. Zutaten in einer Salatschüssel anrichten. Schafskäse zerbröckeln und darüber verteilen.

3 Für die Salatsauce Essig mit Salz und Pfeffer verrühren, Öl unterschlagen, über die Salatzutaten geben. Salat vor dem Servieren mit Schnittlauch bestreuen.

Pro Portion:
E: 13 g, F: 24 g, Kh: 12 g
kJ: 1400, kcal: 335

60er-Jahre-Fete

Ein warmer, dämmeriger Sommerabend ist genau das Richtige für eine 50er- oder 60er-Jahre-Fete. Mit den richtigen Getränken und der passenden Musik kann doch fast nichts mehr schief gehen. Servieren Sie doch mal ungiftige Fliegenpilze, Eierigel, Käse-Apfel-Salat in Tomaten oder einen ländlichen Wurstsalat. Und zum Abschluss Pudding mit Kirschen und Pumpernickel.

Gebratene Wurstkörbchen mit bunten Bohnen

Einfach (Foto)
8 Portionen

1 Dose rote Bohnen
(425 g Abtropfgewicht)
1 Dose weiße Bohnen
(285 g Abtropfgewicht)
1 Dose grüne Bohnen
(425 g Abtropfgewicht)
2 EL Essig
4 EL Speiseöl
Salz
frisch gemahlener Pfeffer
24 Scheiben Katenwurst mit Pelle
Salatblätter
1 Bund Petersilie, gehackt

Zubereitungszeit: 40 Minuten, ohne Abkühlzeit

1 Alle 3 Bohnensorten in ein Sieb geben, abtropfen lassen, den Bohnenfond auffangen. 6–8 Esslöffel vom Fond mit Essig und Öl mischen, mit Salz und Pfeffer pikant abschmecken. Abgetropfte Bohnen zurück in den gewürzten Fond geben.

2 Eine Pfanne ohne Fett erhitzen, nacheinander die Wurstscheiben darin ganz kurz braten. Durch die Hitze zieht sich die Pelle zusammen und es entstehen kleine Körbchen.

3 Wenn die Wurstkörbchen erkaltet sind, Bohnen einfüllen, auf gewaschenen Salatblättern anrichten, mit Petersilie bestreuen und servieren.

Pro Portion: *E: 46 g, F: 20 g, Kh: 28 g, kJ: 2165, kcal: 517*

Tipp:

Statt Katenwurst kann auch Pfeffersalami verwendet werden.

Pumpernickelecken oder -schnitten

Gut vorzubereiten
8 Portionen

8 Pumpernickelscheiben
(à etwa 40 g)
etwa 60 g Butter
7 Käsescheiben, z. B. Edamer

Zubereitungszeit: 10 Minuten, ohne Wartezeit

1 Die Pumpernickelscheiben mit Butter bestreichen.

2 Die Käsescheiben auf die Brotscheiben (bis auf eine) verteilen (der Käse muss exakt mit dem Brot abschließen).

3 Die belegten Pumpernickelscheiben aufeinander legen, mit der Pumpernickelscheibe ohne Käse abschließen. Die geschichteten Scheiben einige Zeit beschweren (z. B. ein Schneidbrett darauf legen und mit Konservendosen beschweren).

4 Die Pumpernickelscheiben mit einem scharfen Messer in Quadrate, Drei- oder Rechtecke schneiden.

Pro Portion: *E: 9 g, F: 10 g, Kh: 15 g, kJ: 820, kcal: 196*

Fliegenpilze

Klassisch
8 Stück

8 hart gekochte Eier (Größe M)
8 Tomaten
Mayonnaise (aus der Tube)
etwas Kresse

Zubereitungszeit: 25 Minuten

1 Eier pellen und an der unteren Seite eine Kuppe abschneiden, damit die Eier gut stehen können.

2 Tomaten waschen, trockentupfen, einen Deckel abschneiden, aushöhlen und je einen Tomatendeckel auf ein Ei setzen.

3 Mit Mayonnaisetupfen dekorieren oder die verbliebenen Eiweißkuppen in kleine Würfel schneiden und auf die Tomatendeckel legen.

4 Die Fliegenpilze auf ein Bett aus Kresse setzen.

Pro Stück: *E: 5 g, F: 5 g, Kh: 2 g, kJ: 313, kcal: 75*

Tipp:

Die übrigen Tomaten für einen Salat oder eine Suppe verwenden.

Igel

Raffiniert
16 Stück

8 hart gekochte Eier (Größe M)
16 Salamischeiben (Ø 5–6 cm)
dünne Salzstangen
Tomatenmark (aus der Tube)

Zubereitungszeit: 20 Minuten

1 Eier pellen und längs halbieren. Die Eier auf die Schnittflächen legen.

2 Jede Salamischeibe zur Hälfte einschneiden, zu einer Spitztüte formen und diese um das spitze Ende einer Eihälfte legen.

3 Salzstangen in 2–3 cm lange Stifte brechen und in die gewölbte Eiseite stecken, etwa 1/3 der spitzen Eiseite dabei für das Igelgesicht aussparen.

4 Mit dem Tomatenmark jeweils 2 Augen auftupfen.

Pro Stück: *E: 7 g, F: 7 g, Kh: 1 g, kJ: 423, kcal: 101*

Käse-Apfel-Salat in Tomaten

Für Gäste
6 Portionen

4 mittelgroße Äpfel
500 g Emmentaler Käse

Für die Mayonnaise:
1 Eigelb (Größe M)
1–2 TL Senf
1 EL Essig oder Zitronensaft
Salz, Pfeffer, 1 TL Zucker
125 ml (1/8 l) Speiseöl
1 Becher (150 g) Joghurt
50 g abgezogene, gehackte Mandeln, Weißwein

8–10 kleine Tomaten

Zubereitungszeit: 35 Minuten

1 Äpfel schälen, vierteln, entkernen. Käse in 3 mm dicke Scheiben und mit Äpfeln in Streifen schneiden.

2 Für die Mayonnaise Eigelb mit Senf, Essig oder Zitronensaft, Salz, Pfeffer und Zucker zu einer dicklichen Masse schlagen, nach und nach das Öl unterrühren. Joghurt und Mandeln untermischen. Die Mayonnaise mit Weißwein abschmecken, sofort mit den Salatzutaten vermengen.

3 Tomaten waschen, abtrocknen, Deckel abschneiden, die Tomaten aushöhlen (das Innere zur Zubereitung von Tomatensuppe oder -sauce verwenden). Die Tomaten mit dem Salat füllen, die Deckel darauf setzen. Restlichen Käse-Apfel-Salat nach Belieben auf gewaschenen Salatblättern anrichten.

Pro Portion: *E: 28 g, F: 53 g, Kh: 14 g, kJ: 2832, kcal: 677*

Käse-Brot-Kuchen

Gut vorzubereiten
4 Portionen

2 Stiele glatte Petersilie
400 g Doppelrahm-Frischkäse
2–3 gestr. EL Tomatenmark
Paprikapulver edelsüß
Salz, frisch gemahlener Pfeffer
125 g Kräuterbutter
6 Scheiben längliches Schwarzbrot (à 45 g)
6 längliche Scheiben mittelalter Gouda ohne Rinde

Zubereitungszeit: 30 Minuten, ohne Kühlzeit

Pro Portion: *E: 26 g, F: 68 g, Kh: 29 g, kJ: 3657, kcal: 874*

1 Die Petersilienblättchen abspülen, trockentupfen, von den Stielen zupfen. Frischkäse und Tomatenmark verrühren. Mit Paprika, Salz und Pfeffer abschmecken.

2 Eine Kastenform (25 x 11 cm) mit Frischhaltefolie auslegen. Petersilienblättchen auf den Boden legen. Etwas von der Kräuterbutter auf 2 Schwarzbrotscheiben streichen. Mit der Butterseite nach unten auf die Petersilie legen. Danach 1/3 des Frischkäses auf die Brotscheiben streichen und 2 Scheiben Gouda darüber schichten. Diesen Schichtvorgang noch zweimal wiederholen. Die Brotscheiben bilden die oberste Schicht.

3 Anschließend 1–2 Stunden kalt stellen. Das Käsebrot mit der Frischhaltefolie herausziehen, stürzen, das Brot mit einem elektrischen Messer in Scheiben schneiden.

Ländlicher Wurstsalat

Preiswert – raffiniert
8 Portionen

300 g Emmentaler (in Scheiben)
600 g Fleischwurst (im Stück)
1 Bund Radieschen
3–4 Möhren
5 Tomaten, 4 Zwiebeln

Für die Salatsauce:
1 Knoblauchzehe
8 EL Speiseöl, 5 EL Essig
1–2 EL Senf, Salz, Pfeffer

2 Bund fein geschnittener Schnittlauch

Zubereitungszeit: 55 Minuten, ohne Durchziehzeit

1 Emmentaler in feine Streifen schneiden. Fleischwurst enthäuten, längs halbieren und in Scheiben schneiden.

2 Radieschen putzen und waschen. Möhren putzen, schälen und waschen. Radieschen und Möhren in sehr dünne Scheiben schneiden. Tomaten waschen, abtrocknen, vierteln, die Stängelansätze herausschneiden und die Tomaten achteln. Zwiebeln abziehen, in dünne Scheiben schneiden und in Ringe teilen.

3 Für die Salatsauce die Knoblauchzehe abziehen und durch die Knoblauchpresse drücken. Mit Öl, Essig und Senf verrühren. Mit Salz und Pfeffer würzen und mit den Salatzutaten vermengen. Den Salat gut durchziehen lassen und mit Schnittlauch bestreut servieren.

Pro Portion: *E: 23 g, F: 43 g, Kh: 5 g, kJ: 2195, kcal: 525*

Blätterteigtaschen – pikant gefüllt

Für Kinder – schnell
10 Stück

1 Pck. (450 g) TK-Blätterteig

Für die Füllung:
200 g Schinken (roh oder gekocht)
150 g Käse, z. B. Gouda
2 EL gehackte Petersilie

Zum Bestreichen:
3 EL Wasser
1 Eigelb, 2 EL Milch

Zubereitungszeit: 35 Minuten, ohne Auftauzeit

1 Blätterteig bei Zimmertemperatur auftauen lassen.

2 Für die Füllung Schinken und Käse in Würfel schneiden, mit Petersilie vermengen.

3 Die Teigscheiben nebeneinander auf eine gemehlte Arbeitsfläche legen.

4 Füllung in die Mitte der Scheiben geben, Ränder mit Wasser bestreichen, die Teigecken übereinander klappen, die Ränder gut festdrücken.

5 Die Teigtaschen mit Eigelbmilch bestreichen, auf ein mit Wasser abgespültes Backblech legen, backen.

Ober-/Unterhitze: etwa 200 °C (vorgeheizt)
Heißluft: etwa 180 °C (vorgeheizt)
Gas: etwa Stufe 4 (vorgeheizt)
Backzeit: 10–15 Minuten.

6 Blätterteigtaschen lauwarm oder kalt servieren.

Pro Stück: *E: 10 g, F: 20 g, Kh: 15 g, kJ: 1225, kcal: 293*

Pudding mit Kirschen und Pumpernickel

Für Kinder
8 Portionen

500 g Sauerkirschen
100 g Zucker
3–4 EL Kirschsaft
150–200 g geriebener Pumpernickel
2 Pck. Pudding-Pulver Vanille- oder Mandel-Geschmack
4 schwach geh. EL Zucker
2 Eigelb (Größe M)
1 l Milch
2 Eiweiß (Größe M)

Schlagsahne

Zubereitungszeit: 35 Minuten, ohne Ruhe- und Kühlzeit

1 Sauerkirschen waschen, entstielen, entsteinen, mit Zucker bestreuen und etwas stehen lassen. Sobald die Kirschen Saft gezogen haben, sie kurz erhitzen, bis sie etwas weicher sind, kalt stellen.

2 Die Kirschen abtropfen lassen, dabei den Saft auffangen. Kirschen (einige zum Garnieren zurückbehalten), mit abgemessenem Saft und Pumpernickel (etwas zum Garnieren zurücklassen) vermengen. Knapp $^1/_3$ hoch in eine Glasschale oder in Portionsschälchen füllen.

3 Aus Pudding-Pulver, Zucker, Eigelb und Milch nach Packungsanleitung einen Pudding zubereiten. Steif geschlagenes Eiweiß unter den kochend heißen Pudding ziehen, anschließend auf die Kirschmasse füllen.

4 Den erkalteten Pudding mit den zurückbehaltenen Kirschen garnieren, den restlichen Pumpernickel darüber streuen. Den Pudding nach Belieben mit Schlagsahne verzieren.

Pro Portion: *E: 8 g, F: 7 g, Kh: 47 g, kJ: 1221, kcal: 291*

Tipp:

Sie können auch Sauerkirschen aus dem Glas oder für Erwachsene statt des Kirschsaftes 1–2 Esslöffel Kirschwasser verwenden.
Wenn es mal schnell gehen soll, statt des gekochten Puddings 2 Becher (je 500 g) Pudding aus dem Kühlregal verwenden und 250 ml ($^1/_4$ l) steif geschlagene Sahne unterheben.
Dann die Kirschen erst 30 Minuten vor dem Verzehr mit dem Pudding in Gläser schichten, da sich der Pudding sonst mit dem Saft vermischt.

Italienischer Abend

Unsere italienischen Nachbarn verstehen zu feiern. Hier finden Sie Rezepte aus der italienischen Abteilung der Sommerkochkunst, und wenn Sie dann noch ein paar Lampions aufhängen, steht dem „Dolce vita" nichts mehr im Wege.

Pizza-Variationen

Für Gäste
2 Stück

Für den Hefeteig:
300 g Weizenmehl
1 Pck. Trockenhefe
1 gestr. TL Salz
4 EL Speiseöl
150 ml lauwarmes Wasser

Für die Sauce:
800 g Tomaten (aus der Dose)
1 abgezogene, durchgepresste Knoblauchzehe
1 TL Salz
frisch gemahlener Pfeffer
Oregano, Basilikum, Rosmarin

Für die Variation Fisch „klassisch“:
2 Tomaten
150 g Thunfisch (aus der Dose)
½ Gemüsezwiebel, in Scheiben
30 g gefüllte, grüne Oliven
200 g geraspelter Gouda-Käse

Für die Variation „pur“:
1 Staude Brokkoli, in Röschen geteilt, gedünstet
2 Tomaten
250 g Bel Paese (italienischer Weichkäse), in kleinen Stücken
70 g schwarze Oliven

Für die Variation „klassisch“:
2 Tomaten
75 g italienische Salamischeiben
180 g Artischockenherzen (aus der Dose), geviertelt
230 g Champignonscheiben (aus dem Glas)
200 g geriebener Gouda

Für die Variation Gemüse „edel“:
100 g geriebener Gouda
2 Tomaten
300 g grüner Spargel, gedünstet
50 g Parmaschinken
1 Zucchini, in Scheiben, gedünstet
50 g Austernpilze, in Stücke, kurz in Butter angebraten
20 g geriebener Gouda

Für die Variation „fruchtig“:
50 g geriebener Gouda-Käse
2 Tomaten
70 g Erbsen
1 Dose Pfirsiche (Abtropfgewicht 235 g), in Spalten
13 Kaiser-Kirschen (aus dem Glas)
250 g geräucherte Putenbrust, in Streifen geschnitten
50 g geriebener Gouda

Für die Variation „edel“:
50 g geriebener Gouda
50 g geriebener Parmesan-Käse (beide Käse mischen, die Hälfte davon auf die Sauce geben)
2 Tomaten
150 g Krabben
200 g Spinat, in Butter 3–5 Minuten gedünstet
Rührei (aus 3 Eiern und 2 EL Milch)
restliche Käsemischung (s. o.)

Zubereitungszeit: 90 Minuten

1 Für den Teig das Mehl in eine Rührschüssel sieben, mit der Hefe sorgfältig vermischen. Die restlichen Zutaten hinzufügen, mit dem Handrührgerät mit Knethaken zunächst auf niedrigster, dann auf höchster Stufe in etwa 5 Minuten zu einem Teig verarbeiten.

2 Den Teig zugedeckt so lange an einem warmen Ort stehen lassen, bis er sich sichtbar vergrößert hat (etwa 20 Minuten).

3 Ihn leicht mit Mehl bestäuben, aus der Schüssel nehmen, auf der Arbeitsfläche

(Fotsetzung Seite 203)

nochmals kurz durchkneten, entweder 2 runde Platten (Ø 30 cm) ausrollen, auf ein mit Backpapier belegtes Backblech legen oder den ganzen Teig auf einem gefetteten Backblech ausrollen.

4 Für die Sauce die Zutaten miteinander verrühren, mit den Gewürzen abschmecken, zu einer dicklichen Masse einkochen, abkühlen lassen, den Teig damit bestreichen. Die Teigplatten mit je einer der 6 Variationen belegen. Die Zutaten auf dem bestrichenen Teigboden verteilen, nochmals gehen lassen. Das Backblech in den Backofen schieben.

Ober-/Unterhitze:
200–220 °C (vorgeheizt)
Heißluft: 180–200 °C
(nicht vorgeheizt)
Gas: etwa Stufe 4 (vorgeheizt)
Backzeit: 20–30 Minuten.

Tipp:

Die Mengenangaben einer Variation reichen für eine runde Pizza.

Fenchel mit Butter und Parmesan

Raffiniert
8 Portionen

4 große Fenchelknollen
100 g Butter
Salz
frisch gemahlener,
grober, schwarzer Pfeffer
4 EL Balsamessig
100 ml Wasser
150 g Parmesan oder Pecorino

Zubereitungszeit: 25 Minuten

1 Von den Fenchelknollen die Stiele dicht oberhalb der Knollen abschneiden, braune Stellen und Blätter entfernen, die Wurzelenden gerade schneiden, die Knollen waschen und vierteln. Das Fenchelgrün aufheben.

2 Den Fenchel in etwas zerlassener Butter anbraten, mit Salz und Pfeffer würzen und mit Balsamessig ablöschen. Wasser hinzugeben und den Fenchel in etwa 10 Minuten knackig dünsten.

3 Das Fenchelgrün abspülen, fein schneiden und vor dem Anrichten über den Fenchel streuen.

4 Parmesan oder Pecorino grob raspeln oder reiben und den Fenchel damit bestreuen.

Pro Portion:
E: 9 g, F: 15 g, Kh: 3 g
kJ: 807, kcal: 193

Tipp:

Den gebratenen Fenchel mit etwas Weißwein in eine gefettete Auflaufform geben, Semmelbrösel und geriebenen Käse darüber streuen und im vorgeheizten Backofen bei Ober/Unterhitz etwa 200 °C, Heißluft etwa 180 °C, Gas Stufe 3–4 etwa 10 Minuten überbacken.

Caprisalat

Schnell
6–8 Portionen

1,2 kg Tomaten
500 g Mozzarella
Basilikum (möglichst frisch)
Oregano (möglichst frisch)
Salz
8 EL Olivenöl

Zubereitungszeit: 20 Minuten, ohne Durchziehzeit

1 Tomaten waschen, halbieren, die Stängelansätze herausschneiden, Tomaten und Mozzarella in Scheiben schneiden. Beides in einer Schüssel anrichten.

2 Basilikum und Oregano abspülen, trockentupfen, die Blätter von den Stängeln zupfen und darüber streuen.

3 Mit Salz bestreuen und Olivenöl darüber träufeln.

4 Etwa 1 Stunde im Kühlschrank durchziehen lassen.

Beilage:
Frisches Weißbrot.

Pro Portion:
E: 15 g, F: 28 g, Kh: 6 g
kJ: 1495, kcal: 358

Parmaschinken mit Melone

Klassisch – schnell
8 Portionen

1 große Galiamelone
250 g Parmaschinken, in sehr dünnen Scheiben
evtl. Zitronenmelisseblättchen

Zubereitungszeit: 25 Minuten

1 Die kalte Melone halbieren, entkernen und in Spalten schneiden.

2 Die Schinkenscheiben aufrollen und mit den Melonenspalten auf Tellern anrichten. Nach Belieben mit Zitronenmelisse garnieren.

Pro Portion:
E: 6 g, F: 3 g, Kh: 4 g
kJ: 319, kcal: 76

Tipp:

Galiamelonen sind rundliche Netzmelonen mit dunkel- bis grüngelber Schale, die an Blüten- und Stielansatz ganz fein gestreift ist. Das Fruchtfleisch ist fest, grünlich bis weiß, zuckerreich und sehr würzig.

Vitello tonnato

(Kalbfleisch mit Thunfischsauce)
Dauert länger
40 Stück

600 g mageres Kalbfleisch
2 Lorbeerblätter, 4 Gewürznelken, 2 abgezogene Zwiebeln, geviertelt, 2 l Salzwasser

Für die Thunfischsauce:
2 Dosen Thunfisch (je 185 g Abtropfgewicht)
Saft von 1–2 Zitronen
150 g Mayonnaise
1 Becher (150 g) Crème fraîche
2 EL Kapern, Salz, Pfeffer

Zubereitungszeit: 2½ Stunden, ohne Abkühlzeit

1 Kalbfleisch unter fließendem kalten Wasser abspülen, mit Lorbeerblättern, Nelken und geviertelten Zwiebeln ins kochende Salzwasser geben und etwa 1½ Stunden garen. Das Fleisch im Sud erkalten lassen.

2 Für die Sauce Thunfisch gut abtropfen lassen, mit etwas Zitronensaft pürieren. Mit Mayonnaise und Crème fraîche verrühren.

3 1 Esslöffel Kapern fein hacken und mit Salz und Pfeffer unter die Masse rühren. Mit Zitronensaft abschmecken.

4 Das Fleisch aus der Brühe nehmen, trockentupfen und in sehr dünne Scheiben schneiden. Die Sauce auf die Scheiben streichen, mit den restlichen Kapern bestreuen. Das Fleisch aufrollen und auf einer Platte anrichten.

Pro Stück:
E: 5 g, F: 6 g, Kh: 1 g
kJ: 330, kcal: 79

Bunter Sommersalat mit Hähnchenbrustfilet

Klassisch
8 Portionen

1 Kopf Pflücksalat
1 Kopf Lollo bionda
50 g Rauke
1 Bund Frühlingszwiebeln
8 Cocktailtomaten
2 Hähnchenbrustfilets (à 150 g)
frisch gemahlener Pfeffer
40 g Steak- & Grill-Butter
4 EL Speiseöl, Salz
50 ml Fleischbrühe
3 EL Weinessig

Zubereitungszeit: 30 Minuten

1 Die Salate putzen, in mundgerechte Stücke zupfen, gut waschen, trockenschleudern. Frühlingszwiebeln putzen und in grobe Ringe schneiden. Cocktailtomaten waschen und evtl. halbieren. Hähnchenbrustfilets waschen, trockentupfen und mit Pfeffer würzen.

2 Steak- & Grill-Butter zusammen mit 1 Esslöffel Öl in einer Pfanne erhitzen und die Hähnchenbrustfilets darin bei mittlerer Hitze etwa 8 Minuten braten. Aus der Pfanne nehmen, salzen und beiseite stellen.

3 Bratensatz mit Brühe ablöschen. Weinessig zufügen, mit Salz und Pfeffer würzen. Restliches Öl darunter schlagen.

4 Salate mit Frühlingszwiebeln und Tomaten mischen. Hähnchenfleisch aufschneiden und zusammen mit dem Salat auf einer Platte anrichten. Die lauwarme Sauce darüber träufeln.

Pro Portion: *E: 11 g, F: 11 g, Kh: 3 g, kJ: 645, kcal: 154*

Pizza-rolle

Dauert länger
6 Portionen

Für den Hefeteig:
375 g Weizenmehl
1 Pck. Trockenhefe
1 TL Zucker
1 gestr. TL Salz
200 ml lauwarmes Wasser
5–6 EL Olivenöl

Für die Füllung:
1 kleine Zwiebel
1 Stange Porree (Lauch)
100 g gekochter Schinken
1 EL zerlassene Butter
1 Dose Gemüsemais (Abtropfgewicht 140 g)
100 g Mungobohnenkeime (aus dem Glas)
100 g Cocktailtomaten
Salz, frisch gemahlener Pfeffer
Currypulver
Sojasauce

Zum Bestreuen und Bestreichen:
100 g gewürzte Nüsse
125 g geriebener Emmentaler
Kondensmilch

Zubereitungszeit: 80 Minuten, ohne Teiggeh- und Abkühlzeit

1 Für den Hefeteig Mehl in eine Rührschüssel sieben und mit der Hefe sorgfältig vermischen. Zucker, Salz, Wasser und Öl hinzufügen.

2 Die Zutaten mit Handrührgerät mit Knethaken zunächst auf niedrigster, dann auf höchster Stufe in etwa 5 Minuten zu einem Teig verarbeiten.

3 Den Teig zugedeckt an einem warmen Ort so lange stehen lassen, bis er sich sichtbar vergrößert hat.

4 Für die Füllung die Zwiebel abziehen, fein würfeln. Den Porree putzen, waschen, in Scheiben schneiden. Den Schinken würfeln.

5 Die Zutaten in der Butter kurz andünsten und erkalten lassen. Den Mais und die Bohnenkeime in einem Sieb gut abtropfen lassen. Die Cocktailtomaten waschen und halbieren.

6 Die 3 Zutaten mit der erkalteten Masse vermengen, mit den Gewürzen und der Sojasauce abschmecken.

7 Den gegangenen Teig aus der Schüssel nehmen, nochmals kurz auf der bemehlten Arbeitsfläche durchkneten und zu einem Quadrat (30 x 30 cm) ausrollen.

8 Die Füllung auf dem Teig verteilen, mit 75 g Nüsse und 75 g Käse bestreuen. Die Ränder etwa 2 cm nach innen einschlagen. Den Teig mit der Füllung aufrollen und auf ein mit Backpapier belegtes Backblech legen.

9 Die Rolle mit Kondensmilch bestreichen, mit dem restlichen Emmentaler und den restlichen Nüssen bestreuen. Das Backblech in den Backofen schieben.

Ober-/Unterhitze:
180–200 °C (vorgeheizt)
Heißluft: 160–180 °C
(nicht vorgeheizt)
Gas: etwa Stufe 3
(nicht vorgeheizt)
Backzeit: 30–40 Minuten.

Pro Portion:
E: 21 g, F: 33 g, Kh: 56 g
kJ: 2676, kcal: 639

Tipp:
Die Pizzarolle evtl. mit einem elektrischen Messer schneiden. Schmeckt warm und kalt.

Amaretti

Gut vorzubereiten
etwa 15 Stück

200 g Marzipan-Rohmasse
125 g Zucker
1 Eiweiß (Größe M)
4–6 Tropfen Bittermandel-Aroma
1 EL Eiweiß

Puderzucker

Zubereitungszeit: 45 Minuten, ohne Wartezeit

1 Die Marzipan-Rohmasse mit Zucker, Eiweiß und Aroma mit einem Handrührgerät mit Rührbesen verrühren, in einem Kochtopf unter Rühren erwärmen (auf Handwärme). Eiweiß unterrühren.

2 Die Masse in einen Spritzbeutel mit Lochtülle (Ø 0,5 cm) füllen. 15 Häufchen (Ø 3–4 cm) auf ein mit Backpapier belegtes Backblech spritzen, etwa 1 Stunde stehen lassen, bis sich eine dünne Haut gebildet hat. Das Backblech in den Backofen schieben.

Ober-/Unterhitze: etwa 160 °C (vorgeheizt)
Heißluft: etwa 140 °C (vorgeheizt)
Gas: Stufe 1–2 (vorgeheizt)
Backzeit: 20–30 Minuten.

3 Das Gebäck nach dem Backen 5 Minuten stehen lassen, erst dann lösen und erkalten lassen. Die erkalteten Amaretti mit dem Puderzucker bestäuben.

Insgesamt:
E: 2 g, F: 5 g, Kh: 15 g
kJ: 469, kcal: 112

Cappuccino-Parfait

Raffiniert
4 Portionen

Für das Parfait:
3 Eigelb (Größe M)
70 g Zucker
1 EL lösliches Espressopulver
20 ml Tia Maria (Kaffeelikör)
1 Tasse Espresso
250 ml (¼ l) Schlagsahne

125 ml (⅛ l) Schlagsahne
Kakaopulver

Zubereitungszeit: 20 Minuten, ohne Gefrierzeit

1 Eigelb mit Zucker, Espressopulver, Likör und Espresso im heißen Wasserbad aufschlagen. Danach die Masse kalt schlagen.

2 250 ml (¼ l) Sahne steif schlagen und in zwei Portionen unterheben. Die Masse in große Kaffeetassen ¾ voll einfüllen und zum Gefrieren in das Gefrierfach stellen. Gut durchkühlen lassen.

3 Das Parfait etwa 15 Minuten vor dem Servieren aus dem Gefrierfach nehmen.

4 Die Sahne mit dem Schneebesen halb steif schlagen und auf die Tassen geben. Leicht mit Kakao bestäubt servieren.

Pro Portion:
E: 3 g, F: 14 g, Kh: 20 g
kJ: 977, kcal: 233

Tipp:
Tia Maria ist ein jamaikanischer Kaffeelikör.

Urlaubs- party

Rund ums Mittelmeer gibt es noch andere Nationen, die zu feiern verstehen.
Hier ist die Abteilung mit dem arabischen Einschlag und mit viel Knoblauch.
Halten Sie also genug Löschwasser bereit.

Kalte Moussaka

Gut vorzubereiten – vegetarisch
10 Portionen

4 mittelgroße Auberginen
Salz
125 g Weizenmehl
250 ml (¼ l) Olivenöl
6 Fleischtomaten
3 Zwiebeln
2 Dosen (je 800 g) geschälte Tomaten
Salz
frisch gemahlener Pfeffer
gerebelter Thymian
4–6 EL Rotwein

3 Pck. (je 125 g) Mozzarella
100 g geriebener Parmesan

Zubereitungszeit: 90 Minuten, ohne Warte- und Abkühlzeit

1 Auberginen waschen, die Stängelansätze abschneiden, die Auberginen abtrocknen, der Länge nach in 1 cm dicke Scheiben schneiden (evtl. mit der Aufschnittmaschine), mit Salz bestreuen und 30 Minuten stehen lassen. Kurz abspülen, trockentupfen, mit Mehl bestäuben.

2 Öl erhitzen, Auberginenscheiben portionsweise darin von beiden Seiten goldbraun braten, auf Küchenpapier abtropfen lassen.

3 Tomaten kurze Zeit in kochendes Wasser legen (nicht kochen lassen), in kaltem Wasser abschrecken, enthäuten, die Stängelansätze herausschneiden, Tomaten in Scheiben schneiden.

4 Zwiebeln abziehen, in Würfel schneiden. Das restliche Öl erhitzen, Zwiebelwürfel darin andünsten. Tomaten mit der Flüssigkeit hinzugeben, mit Salz, Pfeffer, Thymian würzen, zum Kochen bringen, in etwa 10 Minuten zu einer sämigen Sauce einkochen lassen. Mit Rotwein, Salz, Pfeffer und Thymian abschmecken.

5 Mozzarella abtropfen lassen, in dünne Scheiben schneiden. Eine große Auflaufform oder Fettfangschale fetten und abwechselnd Tomatenscheiben, Auberginenscheiben, Mozzarellascheiben einschichten, dabei mit Salz und Pfeffer würzen und etwas von der Tomatensauce darauf verteilen, die obere Schicht soll aus Sauce bestehen. Mit einigen Scheiben Mozzarella belegen und mit Parmesan bestreuen.

6 Form (auf dem Rost) oder Fettfangschale in den Backofen schieben.

Ober-/Unterhitze: etwa 200 °C (vorgeheizt)
Heißluft: etwa 180 °C (vorgeheizt)
Gas: Stufe 3–4 (vorgeheizt)
Backzeit: etwa 30 Minuten.

7 Moussaka auf Zimmertemperatur abkühlen lassen, servieren.

Pro Portion:
E: 15 g, F: 36 g, Kh: 18 g
kJ: 1985, kcal: 474

Tipp:

Dazu frisches Fladenbrot reichen.

Thunfischsteaks Alhambra

Für Gäste (Foto)
4 Portionen

4 Thunfischsteaks (150–200 g)
Saft von ½ Zitrone
3 EL Weizenmehl
1–2 Msp. gemahlener Koriander
1 Msp. Cayennepfeffer
Salz
frisch gemahlener Pfeffer
3 EL Olivenöl
125 ml (⅛ l) Weißwein

Für die Tomatenmasse:
1 große Zwiebel
1 Knoblauchzehe
1 EL Olivenöl
500 g enthäutete Tomaten (je nach Saison frisch oder aus der Dose)
1–2 getrocknete, rote Chilischoten
1–2 TL gerebelter Oregano

je 4 grüne und schwarze Oliven
1 EL Schnittlauchröllchen

Zubereitungszeit: 65 Minuten

1 Thunfischsteaks unter fließendem kalten Wasser abspülen, trockentupfen, mit Zitronensaft beträufeln und etwa 15 Minuten stehen lassen.

2 Mehl mit Koriander und Cayennepfeffer verrühren. Die Fischsteaks trockentupfen, mit Salz und Pfeffer würzen und in dem gewürzten Mehl wenden.

3 Das Olivenöl erhitzen, die Fischsteaks von beiden Seiten kurz anbraten und in eine Auflaufform geben. Den Wein dazugießen.

4 Für die Tomatenmasse Zwiebel und Knoblauch abziehen, fein würfeln und in Olivenöl andünsten. Tomaten in Würfel schneiden (Tomaten aus der Dose nicht würfeln), hinzufügen und mit andünsten, das Ganze mit Chili, Oregano, Salz und Pfeffer würzen.

5 Die Tomatenmasse auf die Thunfischsteaks geben, mit den Oliven garnieren. Die Form auf dem Rost in den Backofen schieben.

Ober-/Unterhitze: etwa 200 °C (vorgeheizt)
Heißluft: etwa 180 °C (vorgeheizt)
Gas: Stufe 3–4 (vorgeheizt)
Garzeit: etwa 25 Minuten.

6 Die Chilischoten entfernen. Thunfischsteaks vor dem Servieren mit Schnittlauchröllchen bestreuen.

Pro Portion:
E: 40 g, F: 32 g, Kh: 12 g
kJ: 2305, kcal: 551

Arabische Pizzen (Lahm Bi-Adschin)

Klassisch (Foto links)
4 Stück

Für den Belag:
2 mittelgroße Zwiebeln
4 Knoblauchzehen
1 rote Peperoni
1 grüne Peperoni
1 Zucchini
1 Aubergine
500 g Rinder-Gehacktes
4 EL Speiseöl
4 Tomaten
Salz
frisch gemahlener Pfeffer
Paprikapulver
gemahlener Kreuzkümmel

Für den Hefeteig:
400 g Weizenmehl
1 Pck. Trockenhefe
1 TL Zucker
1 TL Salz
200 ml lauwarmes Wasser
6 EL Olivenöl

Zubereitungszeit: 50 Minuten, ohne Teiggehzeit

1 Für den Belag Zwiebeln abziehen, halbieren, in Scheiben schneiden. Knoblauchzehen abziehen und durch die Presse geben. Peperoni putzen, waschen, trockentupfen, in feine Ringe schneiden. Zucchini und Aubergine putzen, waschen, trockentupfen, längs halbieren, in Scheiben schneiden.

2 Das Gehackte im Öl anbraten. Alle Gemüsesorten hinzufügen, gar dünsten. Die Tomaten putzen, enthäuten, pürieren, hinzufügen, mit den Gewürzen abschmecken, etwas abkühlen lassen.

3 Für den Teig Mehl in eine Rührschüssel sieben und sorgfältig mit der Trockenhefe vermischen. Die restlichen Zutaten hinzufügen und mit Handrührgerät mit Knethaken zunächst auf niedrigster, dann auf höchster Stufe in etwa 5 Minuten zu einem Teig verarbeiten. Den Teig zugedeckt so lange an einem warmen Ort stehen lassen, bis er sich sichtbar vergrößert hat.

4 Den Teig auf der Arbeitsfläche nochmals kurz durchkneten. Den Teig in 4 gleich große Stücke teilen, zu Kugeln formen. Jeweils 1 Kugel auf einem entsprechend großen Stück Backpapier zur einer Platte (Ø 25 cm) ausrollen, mit der Füllung belegen. Eine Teighälfte überklappen. Das Teigstück mit dem Backpapier auf ein Backblech legen. Mit den übrigen Pizzen genauso verfahren, mit auf das Backblech legen. Das Backblech in den Backofen schieben.

Ober-/Unterhitze:
180–200 °C (vorgeheizt)
Heißluft: 160–180 °C (vorgeheizt)
Gas: etwa Stufe 3 (vorgeheizt)
Backzeit: 15–20 Minuten.

Pro Portion:
E: 41 g, F: 50 g, Kh: 82 g
kJ: 4191, kcal: 1001

Schafskäse-Gebäck

Raffiniert (Foto rechts)
6 Stück

Für den Knetteig:
250 g Weizenmehl
2 gestr. TL Backpulver
Salz, Pfeffer
1 Ei (Größe M)
100 g Joghurt
100 g Butter oder Margarine

Für die Eigelbmilch:
1 Eigelb (Größe M)
1 EL Milch

Für die Füllung:
1 Ei (Größe M)
250 g Schafskäse
gehackte Petersilie

Zubereitungszeit: 65 Minuten

1 Für den Teig Mehl mit Backpulver mischen, in eine Rührschüssel sieben. Die restlichen Zutaten hinzufügen, mit Handrührgerät mit Knethaken zunächst auf niedrigster, dann auf höchster Stufe gut durcharbeiten, anschließend auf der Arbeitsfläche zu einem glatten Teig verkneten, dünn ausrollen. Mit einer runden Form (Ø etwa 9 cm) 6 Teigplatten ausstechen.

2 Für die Eigelbmilch das Eigelb mit der Milch verquirlen, die Teigplatten damit bestreichen.

3 Für die Füllung das Ei verschlagen, den Schafskäse in kleine Würfel schneiden und mit 2 Esslöffeln Petersilie unterheben. Je 1 Esslöffel der Füllung in die Mitte jeder Teigplatte geben. Den Teig überschlagen (evtl. nur bis zur Hälfte). Die Teigstücke auf ein mit Backpapier belegtes Backblech legen, mit Eigelbmilch bestreichen. Das Backblech in den Backofen schieben.

Ober-/Unterhitze:
180–200 °C (vorgeheizt)
Heißluft: 160–180 °C
(vorgeheizt)
Gas: etwa Stufe 3 (vorgeheizt)
Backzeit: 20–25 Minuten.

4 Das Gebäck vor dem Servieren mit gehackter Petersilie bestreuen.

Pro Stück:
E: 15 g, F: 26 g, Kh: 32 g
kJ: 1884, kcal: 450

Tipp:

Das Gebäck schmeckt warm besonders gut. Sie können es auch kurz vor dem Verzehr wieder aufbacken.

Zucchini- und Auberginenröllchen

Gut vorzubereiten
etwa 30 Stück

2–3 mittelgroße Auberginen
2–3 mittelgroße Zucchinis
Salz
125 ml (⅛ l) Olivenöl
frisch gemahlener Pfeffer
3 Knoblauchzehen
300 g Schafskäse

Für die Tomatensauce:
2 Zwiebeln
2 Knoblauchzehen
4 EL Olivenöl
3 Dosen (je 400 g) stückige Tomaten
Zucker, Salz, Pfeffer

Für den Belag:
125 g Mozzarella
2 mittelgroße Tomaten

Zubereitungszeit: 60 Minuten, ohne Wartezeit

1 Auberginen und Zucchinis putzen, Enden abschneiden. Das Gemüse waschen, längs in 1 cm dicke Scheiben schneiden (evtl. mit der Aufschnittmaschine).

2 Auberginenscheiben mit Salz bestreuen, 15 Minuten stehen lassen, trockentupfen. Knoblauchzehen abziehen.

3 Öl erhitzen, Knoblauch durchpressen und darin anbraten. Auberginen- und Zucchinischeiben nacheinander in jeweils etwas von dem erhitzten Olivenöl anbraten. Die Scheiben auf Küchenpapier abtropfen lassen, mit Salz und Pfeffer bestreuen.

4 Den Schafskäse in längliche Stifte schneiden, jeweils 1 Stift auf eine Gemüsescheibe legen und aufrollen.

5 Für die Tomatensauce Zwiebeln und Knoblauch abziehen, würfeln, in dem erhitzten Öl andünsten. Die Tomatenstücke hinzufügen und etwas einkochen lassen, bis die Sauce sämig ist. Mit Salz, Pfeffer und Zucker abschmecken.

6 Die Sauce durch ein Sieb in eine große, flache Auflaufform streichen. Die Röllchen hineinsetzen.

7 Für den Belag Mozzarella in sehr feine Scheiben schneiden. Tomaten waschen, die Stängelansätze herausschneiden, Tomaten in Scheiben schneiden. Erst die Tomatenscheiben, dann die Mozzarellascheiben auf die Röllchen legen. Jeweils mit Salz und Pfeffer bestreuen. Die Form auf den Rost in den Backofen stellen.

Ober-/Unterhitze:
etwa 200 °C (vorgeheizt)
Heißluft: etwa 180 °C (vorgeheizt)
Gas: Stufe 3–4 (vorgeheizt)
Backzeit: etwa 15 Minuten.

Pro Stück:
E: 3 g, F: 9 g, Kh: 3 g
kJ: 447, kcal: 107

Tipp:

Dazu passt frisches Fladen- oder Bauernbrot. Das Gericht schmeckt warm und kalt.

Kaltes Lammfleisch in grüner Sauce

Etwas teurer (Foto)
8 Portionen

700 g Lammfleisch ohne Knochen (aus dem Rücken)
Salz, Pfeffer
3–4 EL Olivenöl

Für die Sauce:
je 1 kleines Bund Majoran, Petersilie, Basilikum, Thymian
1 Zweig Rosmarin
8 EL Olivenöl
3–4 EL Balsamico-Essig
3–4 Knoblauchzehen

Zubereitungszeit: 50 Minuten, ohne Abkühlzeit

1 Lammfleisch unter fließendem kalten Wasser abspülen, trockentupfen, das Fleisch salzen und pfeffern. Zunächst in heißem Öl von allen Seiten scharf anbraten und anschließend im Backofen fertig garen.

Ober-/Unterhitze: etwa 180 °C (vorgeheizt)
Heißluft: etwa 160 °C (vorgeheizt)
Gas: Stufe 2–3 (vorgeheizt)
Bratzeit: 10–15 Minuten.

2 Für die Sauce Kräuter waschen, Blättchen von den Stängeln zupfen, fein hacken.

3 Essig mit Salz, Pfeffer, abgezogenem, durchgepresstem Knoblauch und den Kräutern mischen, Öl unterrühren.

4 Das ausgekühlte Lammfleisch in dünne Scheiben schneiden, mit frisch gemahlenem Pfeffer bestreuen. Grüne Sauce darüber träufeln oder extra reichen.

Pro Portion: *E: 17 g, F: 30 g, Kh: 1 g, kJ: 1514, kcal: 362*

Thunfisch-Zucchini-Salat

Raffiniert
8 Portionen

500 g frischer Thunfisch
2–3 EL Olivenöl
3 mittelgroße Zucchinis
6 Tomaten
120 g gemischte Oliven (grün und schwarz, ohne Steine)

Für die Marinade:
1 Pck. (25 g) TK-Kräuter der Provence
Salz, frisch gemahlener Pfeffer
3–4 Knoblauchzehen
4–5 EL Balsamico-Essig
8–10 EL Olivenöl

Zubereitungszeit: 30 Minuten

1 Thunfisch kalt abspülen, klein schneiden und in erhitztem Olivenöl von allen Seiten anbraten.

2 Zucchinis putzen, Enden abschneiden, waschen, halbieren, in 2 cm dicke Scheiben schneiden. Tomaten waschen, Stängelansätze entfernen, Tomaten vierteln, entkernen, würfeln. Oliven, Tomaten, Zucchini und Thunfisch mischen.

3 Für die Marinade Kräuter, Salz, Pfeffer, abgezogenen, durchgepressten Knoblauch und Essig verrühren, Öl unterschlagen. Salatzutaten damit vermengen.

Pro Portion: *E: 14 g, F: 21 g, Kh: 4 g, kJ: 1149, kcal: 275*

Ratgeber

Wir haben Gerichte zusammengestellt, die Sie kalt oder lauwarm servieren können. Ein heißes Essen lässt sich meist mit einer Warmhalteplatte auch im Freien bewerkstelligen. Für die Touren, die nicht im Bannkreis der eigenen Wohnung stattfinden, haben wir Mahlzeiten und Snacks ausgesucht, die Sie gut verpacken und mitnehmen können. Und nun steht dem Genuss eigentlich nichts mehr im Wege, denn für schönes Wetter können wir leider nicht sorgen.

Brunch (Für 12–16 Personen) — Seite 10-25

2 x Rezept	Beeren-Kruska	Am Tag vorher zubereiten.
2 x Rezept	Brioches	Einige Tage vorher zubereiten und einfrieren. Aufgetaut bei 180 °C etwa 10 Minuten aufbacken.
1 1/2 x Rezept	Mariniertes Kräuterfleisch	Am Tag vor dem Verzehr zubereiten.
1 x Rezept	Shrimpscocktail	1–2 Stunden vor dem Verzehr zubereiten. Mit Toastbrot servieren.
1 x Rezept	Drei-Schichten-Käse	Am Abend vor dem Verzehr zubereiten. Mit Graubrot servieren.

<u>Es eignen sich auch folgende zusätzliche Rezepte:</u>

1 x Rezept	Raffinierte Früchtchen (Familienessen Seite 76)	Biskuitrolle am Tag vor dem Verzehr mit der Füllung zubereiten. Vor dem Verzehr mit Früchten belegen.
1 x Rezept	Gulaschsuppe (Biergarten Seite 140)	Am Tag vor dem Verzehr zubereiten.

Getränke: Kaffee, Tee, Sekt, Sekt mit Campari, Orangensaft, Mineralwasser

Stehparty (Für 12 Personen) — Seite 26-39

1 x Rezept	Käse- und Oliven-Canapés	Käsecreme am Vortag zubereiten.Kühl aufbewahren. Creme vor dem Anrichten nochmals umrühren.
2 x Rezept	Mini-Burger "Madras Style"	Am Tag vor dem Verzehr zubereiten. Kann gut einige Stunden vorher zubereitet werden. Vor dem Verzehr in den Backofen schieben.
1 x Rezept	Oliven i. Speck-Käse-Mantel	

<u>Es eignen sich auch folgende zusätzliche Rezepte:</u>

2 x Rezept	Gemüsestreifen mit Kräuter-Crème fraîche (Brunsch Seite 12)	Gemüse und Sauce am Vortag zubereiten.Getrennt in gut schließenden Dosen aufbewahren.
1 x Rezept	Provenzalische Oliven	Einige Tage vor dem Verzehr zubereiten.
1 x Rezept	Gefüllte Brandteigbällchen (Sommerliche Kuchenparty Seite 106)	Bällchen ohne Schokoladensauce eignen sich hervorragend zum Einfrieren. Bei Zimmertemperatur etwa 1 Stunde auftauen lassen.
1 x Rezept	Fischplatte (Mittsommerfest Seite 150)	Kurz vor dem Verzehr zusammenstellen.

Getränke: Sekt, Kir, Kir Royal, Orangensaft, Mineralwasser, Weißwein, verschiedene Cocktails, Weizenbier

Picknick (Für 12 Personen) Seite 40–61

2 x Rezept	Gefüllte Pitabrote	Am Vortag schon vorbereiten. Pitabrote kurz vor dem Ausflug füllen.
1 x Rezept	Süßsaure Soleier	2–3 Tage vor dem Verzehr zubereiten.
1 x Rezept	Schichtsalat	Einen Tag vor dem Verzehr zubereiten. In einer verschließbaren Dose aufbewahren.
1 x Rezept	Kirsch-Marzipan-Kuchen	1–2 Tage vor dem Verzehr zubereiten.
1 1/2 x Rezept	Tomaten-Sandwiches	Am Vortag schon vorbereiten. Sandwiches kurz vor dem Picknick füllen.

Es eignen sich auch folgende zusätzliche Rezepte:

1 1/2 x Rezept	Geflügelfrikadellen auf buntem Paprikasalat (Familienessen Seite 64)	Am Vortag zubereiten, im Kühlschrank aufbewahren.
1 1/2 x Rezept	Staudensellerie pikant (Biergarten Seite 132)	Staudensellerie und Sauce am Vortag zubereiten. Getrennt in gut schließenden Dosen aufbewahren.
2 x Rezept	Marinierte Champignons (Biergarten Seite 134)	Schon 2 Wochen vor dem Verzehr zubereiten.

Getränke: Gekühlter Eistee, gekühltes Bier (verschiedene Sorten), Limonade, Mineralwasser, leichter Weiß- oder Rotwein

Familienessen im Garten (Für 12 Personen) Seite 62–77

2 x Rezept	Gazpacho	Am Vortag zubereiten, im Kühlschrank aufbewahren.
1 x Rezept	Lachsterrine mit Dill-Senf-Sauce	Am Vortag zubereiten, im Kühlschrank aufbewahren.
1 1/2 x Rezept	Kräuter-Putenbraten mit Tomatensauce	Am Vortag zubereiten und kalt servieren. Oder Braten zubereiten, in Alufolie gewickelt im Backofen bei 200 °C etwa 25 Minuten erwärmen.
1 x Rezept	Raffinierte Früchtchen	Die gefüllte Biskuitrolle einfrieren, 2 Stunden vor dem Verzehr auftauen. Kurz vor dem Verzehr in Scheiben schneiden und mit Obst belegen.

Es eignen sich auch folgende zusätzliche Rezepte:

2 x Rezept	Spargel, venetianisch (Brunch Seite 24)	Spargel am Vortag schälen. Eingewickelt in einem feuchten Geschirrtuch im Kühlschrank aufbewahren.
1 x Rezept	Salat von Champignons, Zuckerschoten & Lachs (Brunch Seite 24)	Einige Stunden vor dem Verzehr zubereiten. Getrennt im Kühlschrank aufbewahren. Vor dem Verzehr mischen.
2 x Rezept	Zimt-Parfait (Eisbuffet Seite 116)	Am Vorabend zubereiten, getrennt in je eine Schüssel füllen oder in eine mit Klarsichtfolie ausgelegte Kastenform füllen.

Getränke: Erdbeerbowle, Rot- oder Weißwein, Mineralwasser, Orangensaft, Prosecco

Kinderparty (Für 12 Personen) Seite 78-99

2 x Rezept	Pizzagesichter	Den Pizzateig nach Kinderwunsch belegen. Für jeden Gast eine kleine Pizza nach Geschmack.
1 x Rezept	Heiße Partyscheiben	Je nach Geschmack können die Toastscheiben nur mit einem Belag zubereitet werden. Geht schneller.
2 x Rezept	Froschquark	Am Vortag zubereiten, im Kühlschrank aufbewahren.
2 x Rezept	Doppelkeks-Torte	Eine große Form (Ø 28 cm) mit dem doppelten Rezept zubereiten.

Es eignen sich auch folgende zusätzliche Rezepte:

2 x Rezept	Gemüsestreifen mit Kräuter-Crème-fraîche (Brunch Seite 12)	Einen Tag vor dem Verzehr zubereiten. Getrennt in gut schließenden Dosen aufbewahren.
2 x Rezept	Ländlicher Wurstsalat (60er-Jahre-Fete Seite 196)	Einige Stunden vor dem Verzehr zubereiten, im Kühlschrank aufbewahren. Für Kinder den Salat evtl. ohne Knoblauch zubereiten.
1 x Rezept	Stockbrot (Grill & Barbecue Seite 178)	Im Garten zubereitet muss unbedingt ein Erwachsener zur Aufsicht dabei sein.

Getränke: Cola, Limonade, Orangensaft, Apfelsaftschorle, Mineralwasser, Eisschokolade, Kinderbowle mit Apfel- oder Orangensaft

Alles für den Biergarten (Für 12 Personen) Seite 126-145

2 x Rezept	Leberkäsemedaillons	2 Stunden vor dem Verzehr zubereiten, mit Frischhaltefolie zugedeckt kalt stellen.
2 x Rezept	Liptauer Brotaufstrich	1 Tag vorher zubereiten, mit Frischhaltefolie zugedeckt kalt stellen. Kurz vor dem Verzehr auf einer Platte zu einer Kuppel aufschichten.
2 x Rezept	Salat von Cocktailwürstchen und Radieschen	Einige Stunden vor dem Verzehr zubereiten.
1 x Rezept	Wurst-Käse-Salat	Einige Stunden vor dem Verzehr zubereiten.
1 x Rezept	Fladenbrot	Kann gut nach dem Backen und Auskühlen eingefroren werden.

Es eignen sich auch folgende zusätzliche Rezepte:

2 x Rezept	Pudding mit Kirschen und Pumpernickel (60er-Jahre-Fete Seite 198)	Einige Stunden vor dem Verzehr zubereiten.
2 x Rezept	Pumpernickelecken oder -schnitten (60er-Jahre-Fete Seite 190)	Am Vortag zubereiten. In Frischhaltefolie verpackt kühl aufbewahren. Vor dem Verzehr schneiden.
2 x Rezept	Schwedenhappen (Mittsommerfest Seite 152)	Alles vorbereiten. Kurz vor dem Verzehr belegen.

Getränke: Bier, Weizenbier, fruchtiger Weißwein, Klarer, Apfelsaft, Mineralwasser

Mittsommerfest (Für 12 Personen) Seite 146-165

1 x Rezept	Fischplatte	Kurz vor dem Verzehr zusammenstellen.
2 x Rezept	Heringssalat	Am Abend vorher zubereiten und kalt stellen.
1 x Rezept	Fischerschnitten	Fischerschnitten und Schwedenhappen erst etwa 1 Stunde vor
1 x Rezept	Schwedenhappen	dem Verzehr zubereiten, da das Brot sonst weich wird.
2 x Rezept	Rote Grütze	Rote Grütze am Abend vor dem Verzehr zubereiten, dann statt 120 g nur 80 g Perl-Sago oder 40 g Speisestärke verwenden.
2 x Rezept	Vanillesauce	Am Tag vorher ohne Sahne zubereiten, mit Frischhaltefolie zudecken, kalt stellen. Am nächsten Tag die Sahne unterheben.

<u>Es eignen sich auch folgende zusätzliche Rezepte:</u>

2 x Rezept	Schafskäse-Gebäck (Urlaubsparty Seite 221)	Gebäck 1–2 Wochen vorher backen, einfrieren. Aufgetaut bei etwa 180 °C aufbacken. Schmecken wie frisch.
1 1/2 x Rezept	Kalte Moussaka (Urlaubsparty Seite 216)	Am Vortag zubereiten. 2 Stunden vor dem Verzehr in den Backofen schieben. 1 1/2 x Rezept passt in eine Fettfangschale.
2 x Rezept	Gurkensuppe m. Pfefferkäse (Brunch Seite 20)	Die Gurkensuppe ohne Dill einige Stunden vorher zubereiten. Dill vor dem Verzehr hinzufügen.

Getränke: Rotwein, Weißwein, Ouzo oder Raki, Wasser, Bier

Grill & Barbecue (Für 12 Personen) Seite 166-187

1 1/2 x Rezept	Lammchops mit Estragon-Crème-fraîche	Lammchops 1 Tag vor dem Verzehr soweit zubereiten, dass sie mit Küchengarn umbunden sind.
1 x Rezept	Chimmi-Chimmi	3–4 Wochen vor dem Verzehr zubereiten. Idelal zu gegrilltem Fleisch.
1 1/2 x Rezept	Spareribs in Maplemarinade	Spareribs 1 Tag vor dem Verzehr marinieren. Kalt stellen.
1 1/2 x Rezept	Bulgarische Kräuterspieße	Spieße am Vortag vorbereiten. Mit Frischhaltefolie zugedeckt kalt stellen.
1 1/2 x Rezept	Tomaten aus der Folie	Einige Stunden vorher vorbereiten, kalt stellen. Vor dem Verzehr in Folie wickeln und grillen.
2 x Rezept	Paprikasalat mit Schafskäse	Alle Zutaten einige Stunden vorher klein schneiden, zugedeckt kalt stellen. 1 Stunde vor dem Verzehr mischen.

<u>Es eignen sich auch folgende zusätzliche Rezepte:</u>

2 x Rezept	Ländlicher Wurstsalat (60er-Jahre-Fete Seite 196)	Alle Zutaten einige Stunden vorher klein schneiden, zugedeckt kalt stellen. 2 Stunden vor dem Verzehr mischen.
2 x Rezept	Caprisalat (Italienischer Abend Seite 206)	3–4 Stunden vor dem Verzehr zubereiten. Mit Frischhaltefolie zugedeckt kalt stellen.
2 x Rezept	Fladenbrot (Biergarten Seite 128)	Fladenbrot fertig gebacken einfrieren. Aufgetaut 6–8 Minuten bei 180 °C aufbacken. Schmeckt wie frisch.

Getränke: Bier, Cola, Mineralwasser, Apfelsaft, leichter Rotwein

60er-Jahre-Fete (Für 12 Personen) Seite 188-199

2 x Rezept	Gebratene Wurstkörbchen mit bunten Bohnen	Die Bohnen können schon am Vortag mariniert werden.
2 x Rezepte	Fliegenpilze	2–3 Stunden vor dem Verzehr zubereiten, mit Frischhaltefolie zudecken.
2 x Rezept	Igel	Einige Stunden vor dem Verzehr zubereiten, zugedeckt kalt stellen.
2 x Rezept	Ländlicher Wurstsalat	Alle Zutaten am Vortag vorbereiten und 2 Stunden vor dem Verzehr mischen.

Es eignen sich auch folgende zusätzliche Rezepte:

2 x Rezept	Gemüsestreifen mit Kräuter-Crème-fraîche (Brunch Seite 12)	Gemüse und Sauce am Vortag zubereiten. Getrennt kalt stellen.
$1\frac{1}{2}$ x Rezept	Mariniertes Kräuterfleisch (Brunch Seite 18)	Am Vortag marinieren. Mit Frischaltefolie zugedeckt kalt stellen.
2 x Rezept	Süßsaure Soleier	2 Tage vor dem Verzehr zubereiten.

Getränke: Fruchtsaft-Schorle, Bowle, verschiedene Cocktails, Mineralwasser, Cola, Martini

Italienischer Abend (Für 12 Personen) Seite 200-213

$1\frac{1}{2}$ x Rezept	Parmaschinken mit Melone	Melone schon einige Stunden vor dem Verzehr in Spalten schneiden. Mit Frischhaltefolie zugedeckt kalt stellen.
1 x Rezept	Vitello tonnato	Das Fleisch und die Sauce am Vortag zubereiten, kalt stellen. Das Fleisch erst kurz vor dem Verzehr schneiden.
2 x Rezept	Pizza-Variationen	Wenn es etwas schneller gehen soll, den Teig auf 2 Backblechen (30 x 40 cm) verteilen. Jedes Blech mit einer Belag-Variante belegen.
2 x Rezept	Caprisalat	Einige Stunden vor dem Verzehr zubereiten, je besser zieht er durch. Mit Frischhaltefolie zugedeckt kalt stellen.
2 x Rezept	Cappuccino-Parfait	Am Vortag zubereiten. $\frac{1}{2}$ Stunde vor dem Verzehr aus dem Gefrierschrank nehmen.
2 x Rezept	Amaretti	Einige Tage vorher backen, in gut schließenden Dosen verpacken. Kurz vor dem Verzehr mit Puderzucker bestäuben.

Es eignen sich auch folgende zusätzliche Rezepte:

2 x Rezept	Zucchini- und Auberginenröllchen (Urlaubsparty Seite 222)	Am Vortag marinieren. Zugedeckt kalt stellen.
2 x Rezept	Schafskäse-Gebäck (Urlaubsparty Seite 221)	Einige Stunden vorher zubereiten. Kurz vor dem Verzehr aufbacken.
1 x Rezept	Grissini (Stehparty Seite 28)	Grissini 1–2 Wochen vorher backen, einfrieren. Aufgetaut 3–5 Minuten bei 180 °C aufbacken.

Getränke: Leichte italienische Rot- und Weißweine, Mineralwasser, Campari mit Sekt oder Orangensaft, Prosecco

URLAUBSPARTY (Für 12 Personen) SEITE 214-225

1 x Rezept	Kalte Moussaka	Kann gut einige Stunden vorher zubereitet werden.
2 x Rezept	Schafskäse-Gebäck	Kann gut einige Stunden vorher zubereitet werden. Kurz vor dem Verzehr wieder aufbacken.
1 x Rezept	Zucchini-und Auberginen-röllchen	Können einige Stunden vorher zubereitet werden, schmecken auch kalt sehr gut.
1 1/2 x Rezept	Kaltes Lammfleisch in grüner Sauce	Fleisch und Sauce am Vortag zubereiten, kalt stellen. 1 Stunde vor dem Verzehr Fleisch in Scheiben schneiden, mit der Sauce anrichten.

Es eignen sich auch folgende zusätzliche Rezepte:

2 x Rezept	Griechische Käsecreme (Stehparty Seite 30)	Einige Stunden vor dem Verzehr zubereiten und kalt stellen. Mit Fladenbrot servieren.
2 x Rezept	Gazpacho (Familienessen im Garten Seite 68)	1 Tag vor dem Verzehr zubereiten, kalt stellen.
1 x Rezept	Nuss-Eistorte (Eisbuffet Seite 120)	Am Vortag zubereiten, über Nacht einfrieren. Etwa 4 Stunden vor dem Verzehr aus dem Gefrierschrank nehmen.

Getränke: Rotwein, Pfefferminztee, Apfelsaft, Mineralwasser, Weißwein, Schorle

Kapitel Register

Brunch

Stehparty

Picknick

Familienessen im Garten

KINDERPARTY

SOMMERLICHE KUCHENPARTY

EISBUFFET

BIERGARTEN

Kapitel Register

Mittsommerfest

Grill & Barbecue

60er-Jahre-Fete

Italienischer Abend

Urlaubsparty

Alphabetisches Register

H/I

K

Alphabetisches Register

Umwelthinweis Dieses Buch und der Einband wurden auf chlorfrei gebleichtem Papier gedruckt. Die Einschrumpffolie - zum Schutz vor Verschmutzung - ist aus umweltverträglichem und recyclingfähigem PE- Material.

Bitte beachten Sie bei Gasherden die Gebrauchsanleitung des Herstellers.
Wenn Sie Anregungen, Vorschläge oder Fragen zu unseren Büchern haben, rufen Sie uns unter folgender Nummer an (0521) 155-2580 oder 52 06 50 oder schreiben Sie uns. Wir antworten umgehend:
Dr. Oetker Verlag KG, Redaktion,
Am Bach 11, 33602 Bielefeld

Redaktion Carola Reich

Fotos
Titelfoto Brigitte Wegner, Bielefeld

Innenfotos Thomas Diercks, Hamburg
Uli Hartmann, Bielefeld
Ulrich Kopp, Füssen
Kramp & Gölling, Hamburg
Bernd Lippert, Bielefeld
Hans-Joachim Schmidt, Hamburg
Norbert Toelle, Bielefeld
Brigitte Wegner, Bielefeld

Rezeptentwicklung und -beratung Gerhard Ruhle, Hamburg
Dr. Oetker Versuchsküche, Mechthild Plogmaker, Bielefeld

Rezeptüberprüfung und -beratung Dr. Oetker Versuchsküche, Mechthild Plogmaker, Bielefeld
Heide Hagendorf, Bad Rothenfelde

Für die freundliche Unterstützung danken wir Ketchum PR, München

Grafisches Konzept M•D•H Haselhorst, Bielefeld
Gestaltung M•D•H Haselhorst, Bielefeld
Titelgestaltung Kontur Design, Bielefeld

Reproduktionen FOTOLITO LONGO, Bozen, Italien
Satz JUNFERMANN Druck & Service, Paderborn
Druck und Bindung APPL Druck GmbH & Co. KG, Wemding

ISBN 3-7670-0693-6